utb 3779

Eine Arbeitsgemeinschaft der Verlage

Böhlau Verlag · Wien · Köln · Weimar
Verlag Barbara Budrich · Opladen · Toronto
facultas · Wien
Wilhelm Fink · Paderborn
Narr Francke Attempto Verlag · Tübingen
Haupt Verlag · Bern
Verlag Julius Klinkhardt · Bad Heilbrunn
Mohr Siebeck · Tübingen
Ernst Reinhardt Verlag · München
Ferdinand Schöningh · Paderborn
Eugen Ulmer Verlag · Stuttgart
UVK Verlag · München
Vandenhoeck & Ruprecht · Göttingen
Waxmann · Münster · New York
wbv Publikation · Bielefeld

Studieren, aber richtig
Herausgegeben von Theo Hug, Michael Huter und Otto Kruse

Die Bände behandeln jeweils ein Bündel von Fähigkeiten und Fertigkeiten. Das gesamte Paket versetzt Studierende in die Lage, die wesentlichen Aufgaben im Studium zu erfüllen. Die Themen orientieren sich an den wichtigsten Situationen und Formen des Wissenserwerbs. Dabei werden auch das scheinbar Selbstverständliche behandelt und die Zusammenhänge erklärt.

Weitere Bände:
Otto Kruse: Lesen und Schreiben (UTB 3355)
Klaus Niedermair: Recherchieren und Dokumentieren (UTB 3356)
Theo Hug, Gerald Poscheschnik: Empirisch Forschen (UTB 3357)
Mautner: Wissenschaftliches Englisch (UTB 3444)
Melanie Moll, Winfried Thielmann: Wissenschaftliches Deutsch (UTB 4650)
Otto Kruse: Kritisches Denken und Argumentieren (UTB 4767)

Informationen, Materialien und Links: star.huterundroth.at

Jasmin Bastian, Lena Groß-Mlynek

Lernen und Wissen

Der richtige Umgang mit Information im Studium

3., überarbeitete Auflage

UVK Verlag München

Dr. Jasmin Bastian ist Juniorprofessorin für Medienpädagogik am Institut für Erziehungswissenschaft der Johannes Gutenberg-Universität Mainz.

Dr. Lena Groß-Mlynek ist wissenschaftliche Mitarbeiterin am Institut für Erziehungswissenschaft der Johannes Gutenberg-Universität Mainz.

Online-Angebote oder elektronische Ausgaben sind erhältlich unter www.utb-shop.de

Bibliografische Information der Deutschen Nationalbibliothek
Die Deutsche Nationalbibliothek verzeichnet diese Publikation in der Deutschen Nationalbibliografie; detaillierte bibliografische Daten sind im Internet über
http://dnb.d-nb.de abrufbar.

1. Auflage 2012, 2. Auflage 2018 (erschienen unter dem Titel »Lerntechniken und Wissensmanagement«)

UVK Verlag – ein Unternehmen der Narr Francke Attempto Verlag GmbH & Co. KG

Satz und Layout: Claudia Wild, Konstanz
Einbandgestaltung: Atelier Reichert, Stuttgart
Coverillustration: Graf+Zyx
Druck und Bindung: CPI – Clausen & Bosse, Leck

Huter & Roth KG, Verlag und Textbüro
Thimiggasse 19/1 · 1180 Wien
Tel. 0043-1-9571818
www.huterundroth.at

UVK Verlag
Nymphenburger Str. 48 · 80335 München
Telefon: 089/452174-65
www.uvk.de
Narr Francke Attempto Verlag GmbH & Co. KG
Dischingerweg 5 · 72070 Tübingen
Tel. 07071/9797-0

UTB-Band Nr. 3779
ISBN 978-3-8252-5099-7 (Print)
ISBN 978-3-8463-5099-7 (EPUB)

Inhaltsverzeichnis

Methoden

Worum es in diesem Buch geht und wie man es benutzt

Haben Sie gerade mit dem Studium begonnen und wissen noch nicht genau, was Sie in Bezug auf das Lernen im Studium erwartet? Oder studieren Sie bereits seit ein paar Semestern und sind eigentlich ganz zufrieden, haben aber festgestellt, dass Sie mit dem selbstständigen Lernen und den vielen Freiheiten im Studium manchmal Schwierigkeiten haben? Sind Sie schon weit fortgeschritten in Ihrem Studium und kommen mit den Anforderungen im Großen und Ganzen gut zurecht, nur eine bestimmte Lernsituation macht Ihnen immer wieder Probleme? In jedem dieser Fälle ist dieses Buch für Sie geeignet. Es gibt Ihnen einen umfassenden Überblick darüber, welche Lernsituationen und Aufgaben Sie im Studium erwarten. Darüber hinaus werden Ihnen viele unterschiedliche Methoden und Techniken für das persönliche Lern- und Wissensmanagement vorgestellt, die Sie auf Ihre individuelle Situation anwenden können.

Bei der Organisation von Lernprozessen geht es nicht um eine bloße Effizienzsteigerung, in dem Sinn, dass Sie in kürzerer Zeit mehr lernen, sondern vielmehr darum, ein Verständnis für den Prozess des Lernens zu entwickeln. Das Buch hilft Ihnen die Entstehung von Schwierigkeiten zu erkennen und leitet Sie zu einem selbstbestimmten und bewussten Umgang mit Ihrer Lernzeit an.

Das Buch ist in vier Teilbereiche gegliedert. Damit Sie einen Eindruck davon bekommen, was Sie im Studium erwartet, werden Ihnen im ersten Teil die Besonderheiten des Lernens an der Universität vorgestellt. Im Gegensatz zum Lernen in der Schule, sind Sie im Studium für die Organisation Ihrer Lernprozesse stärker selbst verantwortlich. Anhand von Fallbeispielen werden Ihnen unterschiedliche Herausforderungen des Lern- und Wissensmanagements verdeutlicht. Diese Fallbeispiele begleiten Sie durch das gesamte Buch, und weisen auf Fragen und Probleme hin, die Ihnen bei der Lernorganisation und dem Wissenserwerb im Studium begegnen können.

Im zweiten Teilbereich erhalten Sie einen Einblick in Lernprozesse und deren Organisation: Wie lernt man, bzw. welche lerntheoretischen Ansätze gibt es? Welche Bedeutung haben selbstgesteuerte Lernprozesse? Und welche Methoden eignen sich, um organisiert zu lernen? Sie werden sehen, dass das Lernen ein Prozess ist, der erlernt werden muss. Bei Lernschwierigkeiten handelt es sich nicht um eine persönliche Schwäche, sondern vielmehr um Herausforderungen, die Sie bewältigen können. Umso wichtiger ist es, Lernprozesse zu verstehen und das eigene

Lernverhalten zu reflektieren. Die Fallbeispiele aus Teil I werden wieder aufgegriffen und dienen der Illustration von typischen Schwierigkeiten, die Ihnen beim Lernen im Studium begegnen. An die jeweilige Problemstellung anknüpfend, werden Ihnen verschiedene Methoden vorgestellt, die für die Lösung des Problems geeignet sind.

Im Rahmen Ihres Hochschulstudiums erwerben Sie vor allem theoretisches Wissen. Viele neue Informationen, wissenschaftliche Theorien und Methoden erscheinen Ihnen anfangs möglicherweise unübersichtlich und undurchdringbar und manche Zusammenhänge lassen sich auch erst im Laufe eines Studiums erkennen, doch indem Sie Ihr Wissen systematisch aufbauen und organisieren, entwickeln Sie schnell einen Gesamtüberblick und ein tiefer gehendes Verständnis für Ihr Studienfach. Gerade zu Beginn Ihres Studiums fragen Sie sich vielleicht hin und wieder, was Sie mit dem Gelernten nach dem Studium anfangen sollen oder warum Sie trockene wissenschaftliche Theorien lernen sollen, wenn Sie später beispielsweise in der Wirtschaft arbeiten wollen. Ein Überblick über verschiedene Wissensarten soll Ihnen ein Verständnis für unterschiedliches Wissen und die Relevanz für Ihr Studium geben.

Damit Lernen einen langfristigen Erfolg hat und Sie Ihr Wissen auch zu einem späteren Zeitpunkt, beispielweise im Berufsleben, anwenden können, sollten Sie es frühzeitig organisieren und strukturieren. Im dritten Teil liegt deshalb der Fokus auf dem Umgang mit Wissen und dem persönlichen Wissensmanagement im Studium. Insbesondere in Betrieben und Institutionen ist das Managen von Wissen heute ein zentrales Thema. Aber nicht nur Führungspersonen in großen Organisationen müssen sich darüber Gedanken machen, wie sie das vorhandene Wissen ihrer Mitarbeiter strukturieren, archivieren und weitergeben, sondern auch Sie als Einzelperson stehen vor der Aufgabe, Ihr persönliches Wissen zu verwalten.

Im vierten Teil des Buches lernen Sie schließlich verschiedene Methoden für das persönliche Wissensmanagement kennen sowie verschiedene Tools, die Sie dabei unterstützen. Auch hier werden Sie die zu Beginn vorgestellten Fallbeispiele begleiten und Ihnen typische Problemsituationen beim Wissensmanagement im Studium sowie angemessene Lösungen vorstellen.

Sie können den vorliegenden Band von vorne bis hinten durchlesen, um einen Überblick über das gesamte Feld des Lern- und Wissensmanagements zu erhalten, oder ihn aber als ein Nachschlagewerk verwenden, indem Sie einzelne Kapitel ganz nach Interesse und Bedarf lesen. In beiden Fällen empfehlen wir Ihnen selbst aktiv zu werden. Legen Sie sich ein Notizheft und einen Stift bereit, um

Übungen und Anregungen zu bearbeiten und Ihre Gedanken oder Ihr Wissen zu notieren. In dem Sie das Gelesene in die Praxis umsetzen, können Sie die Methoden auf Ihre individuelle Studiensituation anwenden und Ihre eigenen Lösungen entwickeln.

Hinweis

Aus Gründen der Vereinfachung und besseren Lesbarkeit wird im gesamten Buch abwechselnd das generische Maskulin oder das generische Femininum verwendet. Selbstverständlich sind stets alle Geschlechter mit einbezogen.

I Herausforderungen im Studium

1. Was heißt Lernen und Wissen im Studium?
   1.1 Lernen im Studium
   1.2 Lernziele im Studium
   1.3 Kompetenzen im Studium
   1.4 Wissen im Studium
2. Welche Herausforderungen begegnen mir im Studium?
3. Was muss ich alles wissen und können, um das Studium erfolgreich zu meistern?

Mit dem Eintritt ins Studium beginnt eine neue Lebensphase, in der Ihnen viele Herausforderungen begegnen werden. Im Gegensatz zum Lernen in der Schule sind Sie im Studium für einen großen Teil Ihrer Lernzeit selbst verantwortlich und müssen Ihren Wissenserwerb selbst organisieren und strukturieren. Das Lernen und die Organisation der Lernprozesse gestalten sich je nach Situation unterschiedlich. Die spezifischen Herausforderungen im Studium und die notwendigen Kompetenzen für einen erfolgreichen Umgang mit diesen werden Ihnen im Folgenden vorgestellt.

1. Was heißt Lernen und Wissen im Studium?

»AB In die Freiheit«
»ABIKEA – lernst du noch oder lebst du schon?«
»Abi looking for freedom«
»Rabinson Crusoe – 13 Jahre warten auf Freitag«

In Deutschland ist es üblich, dass sich Schülerinnen und Schüler mit solchen oder ähnlichen Abimottos von ihrer Schulzeit verabschieden. Dabei entsteht der Eindruck, das unliebsame Lernen sei nun zu Ende. Dennoch entscheidet sich ein Großteil der Abiturienten für ein Studium und lässt sich somit erneut auf eine Form des institutionellen Lernens ein.

Wenn Sie dieses Buch in den Händen halten, haben vermutlich auch Sie die Entscheidung getroffen, ein Studium anzutreten. Der Übergang von der Schule zur Hochschule bringt viele Veränderungen mit sich und der Eintritt ins Studium ist der Beginn einer neuen Lebensphase. Von der Einschreibung, über die Gestaltung des Stundenplans bis hin zu den Abschlussprüfungen werden Ihnen viele unterschiedliche Herausforderungen im Studium begegnen.

Wie Sie aus dem Überblick auf Seite 15 entnehmen können, ist das Lernen im Studium weniger stark vorstrukturiert als das Lernen in der Schule, und Sie sind zu einem großen Teil auf sich selbst gestellt. Das Lernen selbst ist aus der Schulzeit häufig negativ belegt und wird von vielen als eine ungeliebte Verpflichtung empfunden. Auch im Studium müssen Sie für Prüfungen lernen, um diese zu bestehen. Dies bedeutet jedoch nicht, dass Sie Inhalte stur auswendig lernen und nur kurzzeitig abspeichern müssen. Wenn Sie Gelerntes stattdessen gezielt in Wissen umwandeln, wird es langfristig für Sie abrufbar und Sie können es in anderen Kontexten, beispielsweise im späteren Berufsleben, leichter anwenden. Dazu müssen Sie eine Reihe von Kompetenzen erwerben und dafür Sorge tragen, dass Sie Inhalte nicht nur theoretisch rekonstruieren sondern auch praktisch anwenden können.

Obwohl Sie mit Ihrem Studium eine konkrete Berufstätigkeit anstreben, sollten Sie sich bewusst machen, dass es eine wissenschaftliche und damit zum großen Teil theoretische Ausbildung ist. Wenn Sie das Studium mit der Vorstellung beginnen, vorrangig praktische Fertigkeiten zu erwerben, sind Enttäuschungen kaum zu vermeiden.

Überblick

Unterschiede zwischen Schule und Studium

Schule	Studium
Vorgegebene Fächer	Selbstgewähltes Fach → Interesse am Fach!
Vorhandenes Wissen nachvollziehen	Wissen nachvollziehen und neues generieren
Viele Fächer, Gesamtüberblick	Wenige Fächer, detaillierte Vertiefung
Unterricht vorrangig am Vormittag	Veranstaltungen auch am Nachmittag und in den Abendstunden
Unterrichtsform: Häufig frontaler Fachunterricht in einer Klassengemeinschaft	Hochschulspezifische Lehrformen, wie Vorlesung, Seminar, Übung, Kolloquium etc.
Eine Schulstunde = 45 Minuten	Eine Lehrveranstaltung = in der Regel 90 Minuten, teilweise aber Seminare im Block von mehreren Stunden an wenigen Tagen
Regelmäßige Überprüfung des Lernstoffs in Form von schriftlichen Klausuren	Klausuren am Ende des Semesters, aber auch mündliche Prüfungen, Essays, Hausarbeiten etc.
Inhalte stark strukturiert	Inhalte weniger stark vorgegeben
Lehrperson führt durch den Inhalt	Lernende erarbeiten Inhalte selbstständig
12 Wochen Ferien im Jahr, je nach Bundesland zu unterschiedlichen Zeitpunkten	Länderübergreifende Regelung von Vorlesungszeit (28 Wochen) und vorlesungsfreier Zeit (25 Wochen)
Ferien = Freizeit	Semesterferien (vorlesungsfreie Zeit) = selbstständiges Lernen
Fester Klassenverband	Ständig wechselnde Zusammensetzungen
Klar definierte Hausaufgaben	Selbststudium wird nicht überprüft
Wohnen bei den Eltern	Häufig Auszug von zu Hause, dadurch erhöhte finanzielle und zeitliche Belastung

Übung

Nehmen Sie sich kurz Zeit und rufen Sie sich verschiedene Lernsituationen, die Sie bereits erlebt haben, ins Gedächtnis. Dies können nicht nur Situationen aus dem schulischen Kontext sein, sondern auch Lernerfahrungen aus Ihrer Freizeit, beispielsweise aus den Bereichen Sport und Musik oder aus Ihrem Umgang mit Unterhaltungsmedien, wie dem Fernsehen oder Internet. Notieren Sie, wie Sie die jeweilige Lernsituation erlebt haben.

1.1 Lernen im Studium

Eine wesentliche neue Herausforderung, die das Studium mit sich bringt, ist das Lernen im *Selbststudium*. Als Schüler haben Sie den größten Teil Ihrer Lernzeit im Klassenverband und in Anwesenheit eines Lehrers verbracht. Die Hausaufgaben dienten der Wiederholung und Festigung des Gelernten und machten einen weniger zentralen Teil im Lernprozess aus.

Im Studium hingegen liegt der Fokus auf dem Selbststudium. Präsenz- und Selbstlernphasen stehen sich in einem Verhältnis von etwa 1:3 gegenüber. Das bedeutet, dass Sie bei der Erarbeitung von Lerninhalten nur teilweise von einem Lehrenden angeleitet werden und der überwiegende Teil des Lernprozesses von Ihnen selbst gesteuert werden muss.

Info

Leistungspunkte und Selbststudienzeit

In Bachelor- und Masterstudiengängen ist die Zeit für das Präsenz- und das Selbststudium genau definiert. Ein Leistungspunkt entspricht einem Arbeitsaufwand von 25–30 Stunden. Auf dieser Grundlage können Sie sich ausrechnen, wie viel Zeit im Selbststudium von Ihnen in etwa für jede Veranstaltung erwartet wird.

Beispielrechnung:
Sie erhalten drei Leistungspunkte für ein Seminar. Insgesamt wird von Ihnen also ein Arbeitsaufwand von 3 x 30 = 90 Stunden im gesamten Semester erwartet.
Das Seminar findet wöchentlich mit 1,5 Stunden Präsenzzeit (2 Semesterwochenstunden) statt. Bei 14 Wochen im Semester, sind dies 21 Stunden Präsenzzeit. Subtrahieren Sie die 21 Stunden Präsenzzeit von den 90 Stunden Gesamtzeit, bleiben 69 Stunden übrig, die Sie in etwa im Selbststudium für dieses Seminar aufwenden sollen. Diese Zeit können Sie sich selbst frei einteilen.

Sie bestimmen selbst mit welchen Inhalten Sie sich tiefer gehend beschäftigen wollen, können die Literatur selbst auswählen, Meinungen kritisch hinterfragen und haben in Bezug auf die zeitliche Gestaltung große Freiheiten. Nur die wenigen Präsenzphasen sind zeitlich festgelegt, während Sie sich die übrige Zeit, die Sie für das Selbststudium aufwenden, frei einteilen können.

Das Lernen findet an der Universität in unterschiedlichen Formen statt. Sie lernen in Vorlesungen und in Seminaren, Sie bearbeiten selbstständig Arbeitsaufgaben, bereiten sich auf Prüfungen vor oder schreiben selbst wissenschaftliche Texte. In allen Situationen lernen Sie auf eine unterschiedliche Weise.

Lernen in der Vorlesung

Die Bezeichnung *Vorlesung* stammt aus dem Mittelalter. Zu dieser Zeit erfolgte die Überlieferung wissenschaftlicher Inhalte vorrangig mündlich. Skripte, ganze Abhandlungen von Themen und Theorien wurden von renommierten Wissenschaftlern *vorgelesen*. Die Teilnahme an Vorlesungen stellte für Studenten eine große Ehre dar und war nur wenigen vorbehalten. Bis heute hat sich die Vortragsform nur wenig verändert: Ein Wissenschaftler steht einer großen Gruppe von Studierenden gegenüber und spricht über ein bestimmtes fachspezifisches Thema. Der mündliche Vortrag wird heute oft durch Folien oder PowerPoint-Präsentationen ergänzt, gelegentlich werden Video- und Audiomaterialien genutzt. Oft wird die Vorlesung aufgezeichnet und den Studierenden im Nachhinein als Audiofile zur Verfügung gestellt.

So lernen Sie in der Vorlesung:

- Machen Sie sich Ihre Rolle in einer Vorlesung bewusst. Sie sind eine Studentin bzw. ein Student unter vielen und können daher nicht erwarten, dass der Dozent auf Ihren individuellen Wissensstand eingehen kann.
- Bereiten Sie sich deshalb selbst ausreichend vor, indem Sie Texte zu dem Vorlesungsthema lesen oder im Vorfeld Informationen sammeln.
- Hören Sie während der Vorlesung aufmerksam zu. Die gesprochene Sprache ist im Gegensatz zur Schriftsprache weniger komplex, sodass es oft leichter fällt, einer vorgetragenen Argumentation zu folgen, als einen Text beim Lesen zu verstehen.
- Machen Sie sich während der Vorlesung ausreichend Notizen und halten Sie Ihre Fragen und Gedanken fest (siehe Notizen machen, Kap. II, 3.3.3, S. 95).
- Stellen Sie Fragen, wenn Sie etwas nicht verstehen.

- Planen Sie für die Nachbereitung der Vorlesung einen festen Zeitraum ein. Sie sind dafür verantwortlich Ihre Wissenslücken im Anschluss an die Vorlesung selbstständig aufzuarbeiten.
- Nutzen Sie für die Nachbereitung oder die gezielte Prüfungsvorbereitung eventuell vorhandene Aufzeichnungen der Vorlesung.

Info

Das akademische Viertel

Lehrveranstaltungen an der Universität werden in der Regel zur vollen Stunde angekündigt, zum Beispiel von 10–12 Uhr. Wenn keine Einschränkung erfolgt, ist jedoch der Zeitraum von 10:15 bis 11:45 Uhr c.t. (»cum tempore«) gemeint. Die »offene« Viertelstunde zu Beginn der Veranstaltung wird als das *akademische Viertel* bezeichnet und soll es den Studierenden ermöglichen, von einer Veranstaltung zu der nächsten zu wechseln. Wird hinter der Zeit jedoch das Kürzel *s.t.* (»sine tempore«) angeben, beginnt die Veranstaltung bereits zur vollen Stunde.

Übung

Eine Übung wird häufig als Ergänzung zu einer Vorlesung angeboten. Während Ihnen in der Vorlesung Wissen vorgetragen wird, haben Sie im Rahmen der Übung die Möglichkeit, das theoretische Wissen selbst anzuwenden. Eine Übung ist, wie das Wort schon sagt, ein Ort, um Fähigkeiten zu erlernen, die Sie noch nicht beherrschen. Daher brauchen Sie sich keine Sorgen zu machen, dass Sie etwas nicht verstehen oder nicht können.

Übungen finden vor allem in naturwissenschaftlichen und mathematischen Fächern statt, aber auch in den Sozial- und Geisteswissenschaften, in welchen sie beispielsweise der Einübung von Forschungsmethoden dienen.

Lernen im Seminar

Ein Seminar findet in einer wesentlich kleineren Gruppe als eine Vorlesung statt und zeichnet sich durch einen interaktiven Charakter aus. Hier üben Sie wesentliche Kompetenzen des wissenschaftlichen Arbeitens ein, wie die Darstellung des eigenen Wissens und den wissenschaftlichen Diskurs.

So lernen Sie im Seminar:

- Bereiten Sie sich gründlich vor. Während der Schwerpunkt in einer Vorlesung auf dem Nachvollzug fremder Gedanken liegt und Sie daher Ihre Aufmerksamkeit vor allem auf die Nachbereitung legen sollten, ist im Seminar die Vorbereitung von besonderer Bedeutung. Nur wenn Sie sich ausreichend vorbereitet haben, können Sie auch sinnvoll an einer Diskussion teilnehmen.
- Arbeiten Sie aktiv mit. Während der Dozent im Seminar die Rolle des Lernbegleiters einnimmt, ist es Ihre Aufgabe, sich aktiv an der inhaltlichen Auseinandersetzung zu beteiligen. Ihr Engagement ist ausschlaggebend für ein gelingendes Seminar.
- Erarbeiten Sie Inhalte selbstständig und tragen Sie diese vor. Studierende haben in Seminaren häufig die Möglichkeit, ein Referat zu übernehmen oder eine Sitzung zu gestalten. Dadurch werden gleich mehrere Lernprozesse anregt: Sie erwerben die Fähigkeit, sich selbstständig in ein Thema einzuarbeiten und lernen, wie Sie Ihr erworbenes Wissen Ihren Kommilitonen am besten präsentieren können.

Lernen in Arbeitsgruppen

Im Studium werden Sie oft in Gruppen mit anderen Studierenden zusammenarbeiten, zum Beispiel bei der Vorbereitung eines gemeinsamen Referates oder bei der Durchführung einer eigenen Forschungsarbeit. Die Zusammenarbeit hat den Vorteil, dass Sie sich nicht alle Inhalte selbst aneignen müssen, sondern auch von anderen lernen können.

Das Arbeiten in Gruppen ist ein wichtiger Bestandteil der Wissenschaft. Durch die gemeinsame Betrachtung eines Problems vermeiden Sie eine enge und einseitige Sichtweise und entwickeln neue Lösungen. Da eine Gruppe von ihren Mitgliedern lebt, ist es wichtig, dass Sie sich selbst in den Gruppenprozess einbringen. (siehe Arbeit in Lerngruppen, Kap. II, 2.2, S. 48)

Neben kleinen Arbeitsgruppen, die sich beispielsweise im Rahmen von Seminaren zusammenfinden, gibt es auch organisierte Gruppen im Studium, wie das Tutorium und das Kolloquium.

Tutorium

Ein Tutorium wird in der Regel von einem oder mehreren weiter fortgeschrittenen Studierenden geleitet und dient der Vertiefung von bereits erarbeiteten Inhalten. Hier haben Sie die Möglichkeit Rückfragen zu Seminarinhalten zu stellen. Viele

Studierende empfinden das Arbeiten in Tutorien als angenehm, da es ihnen leichter fällt Verständnisfragen an einen Tutor anstatt an einen Dozent zu stellen. Tutorien werden häufig in den ersten Semestern angeboten und finden begleitend zu Lehrveranstaltungen statt.

Kolloquium

Bei einem Kolloquium handelt es sich um einen Zusammenschluss einer Gruppe Studierender, die sich regelmäßig zum fachbezogenen Austausch treffen. Angeleitet werden solche Treffen meist durch einen Dozenten oder Professor. In einem Kolloquium werden eigene Arbeiten, die noch in der Entstehungsphase sind, Konzepte von Forschungs- oder Abschlussarbeiten oder die theoretischen Ansätze von Forschungsprojekten vorgestellt. Es handelt sich also um die Begleitung des eigenen Forschungsprozesses.

Lernen durch Schreiben

Ein ganz anderer Prozess ist das Lernen durch Schreiben. Das Schreiben ist ein grundlegender Bestandteil des wissenschaftlichen Arbeitens, da nur verschriftlichte Gedanken weitergegeben und von anderen genutzt werden können. Das Schreiben dient jedoch nicht nur der Weitergabe von Wissen, sondern auch der eigene Lernprozess wird gefördert. Sie können das Schreiben gezielt dazu nutzen, Ihre eigenen Gedanken zu ordnen, diese im Schreibprozess zu Ende zu denken sowie neue Ideen zu entwickeln.

So lernen Sie durch Schreiben:

- Schreiben Sie! Wenn Sie eine wissenschaftliche Arbeit verfassen, sollten Sie frühzeitig mit dem Schreiben beginnen. Sie müssen dazu nicht erst alle vorhandenen Texte gelesen haben. Schreiben Sie auf, was Sie bereits wissen und formulieren Sie, was Sie noch wissen möchten.
- Achten Sie beim Schreiben auf die Verständlichkeit Ihres Textes. Denken Sie daran, dass andere Ihre Äußerungen kritisch lesen werden.
  - Ist Ihre Argumentation logisch aufgebaut?
  - Kann ein Außenstehender Ihrem Gedankengang folgen?
  - Welche Kritikpunkte könnte es geben und wie gehen Sie damit um?
  - Haben Sie alle Aussagen ausreichend belegt und richtig zitiert?
- Machen Sie das Aufschreiben von Gedanken zur Gewohnheit. Auch Schreiben ist eine Fähigkeit, die durch stetiges Üben erlernt werden kann. Je geübter Sie im Schreiben sind, desto leichter wird es Ihnen fallen, zum Beispiel im Rahmen von

Klausuren die richtigen Worte zu finden oder Ihre Gedanken für eine Hausarbeit zu formulieren.

Literaturtipp

Kruse, Otto (2018): Lesen und Schreiben. 3. überarb. u. erw. Aufl. Reihe: Studieren, aber richtig. Konstanz: UTB/UVK.

Lernen durch Forschen

Das Lernen in einem Forschungsprojekt stellt eine besondere Form der Wissenserweiterung dar. Mit Hilfe der Forschung werden neue Themengebiete erschlossen und alte Theorien werden durch neue Erkenntnisse erweitert oder verworfen. Auch wenn Sie als Student nur kleine Forschungsarbeiten durchführen, sind Sie dennoch ein Forscher und damit ein Teil der Forschungsgemeinschaft an der Universität. Sie lernen bei Ihrer Forschung genauso dazu wie andere Wissenschaftler auch. Neben den inhaltlichen Aspekten lernen Sie auch viel über den Forschungsprozess selbst. Sie machen Erfahrungen bei der Planung und Durchführung Ihres Projekts und lernen, welche Fehler Sie das nächste Mal vermeiden sollten oder welche Vorgehensweise nützlich war.

Lernen für Prüfungen

Im Studium werden Sie sich unterschiedlichen Prüfungen stellen müssen. In einer Prüfung kann jedoch immer nur ein Bruchteil Ihres Wissens abgeprüft werden. Dementsprechend müssen Sie Ihre Vorbereitung auf die Prüfungsinhalte und die Prüfungsform abstimmen. Häufig werden Prüfungsinhalte vorher bekanntgegeben und auf bestimmte Themengebiete eingeschränkt. Sie sollten es jedoch vermeiden, sich auf das bloße Auswendiglernen zu beschränken, auch wenn Sie das ungefähre Prüfungsthema kennen.

Vielmehr setzt sich Ihr Lernen für eine Prüfung aus sehr vielen verschiedenen Tätigkeiten zusammen: Sie sollten Inhalte nachvollziehen und verstehen, sie abspeichern und wiedergeben, aber auch in anderen Kontexten anwenden können.

Übung

Füllen Sie die dritte Spalte der untenstehenden Tabelle aus. Sammeln Sie zunächst eigene Ideen und ergänzen Sie im Verlauf der weiteren Lektüre passende Methoden.

Prüfungsform	Worauf kommt es an?	Wie bereite ich mich vor?
Freitext – Klausur In einem festgelegten Zeitrahmen sollen fachspezifische Fragen möglichst umfassend und genau beantworten werden.	Gesamtverständnis der Materie entwickeln Wissen in zusammenhängender Form präsentieren können Gezielt und umfassend antworten, ohne vom Thema abzuschweifen	
Multiple-Choice-Klausur Für die Beantwortung unterschiedlicher Fragen müssen aus vorgegebenen Antworten die richtigen ausgewählt werden, die sich oft nur in Details von den anderen Antworten unterscheiden	Details und Faktenwissen wiedergeben Unterschiede und Ähnlichkeiten einzelner Aspekte kennen	
Hausarbeit Beim Schreiben einer Hausarbeit geht es darum, ein bestimmtes Themengebiet anhand einer konkreten Fragestellung selbstständig zu bearbeiten.	Fähigkeit des wissenschaftlichen Arbeitens demonstrieren Themengebiete selbstständig strukturieren Transparent und nachvollziehbar argumentieren Arbeitsweise selbst organisieren	
Referat Ein selbstgewähltes Thema wird vor einer Gruppe von Personen vorgetragen. Im Anschluss wird das Thema mit den Anwesenden diskutiert.	Eigenständiges Strukturieren von Fachinhalten Selbstständiges freies Vortragen Sicheres Auftreten Spontanes Antworten auf Fragen	
Mündliche Prüfung Ein oder mehrere Prüfer stellen Fragen zu einem bestimmten Themengebiet.	Theorien und Konzepte in eigenen Worten wiedergeben Beantwortung konkreter Fragen Sicheres Auftreten	

Über diese Prüfungsformen hinaus, wird der Lernerfolg an der Universität auch im Rahmen von Projektarbeiten, eigenen Forschungsarbeiten oder kleineren Wissenspräsentationen in Form von Essays oder Protokollen überprüft. Medial gestützte Prüfungen in Form von Blogs, E-Portfolios und anderen E-Learning-Anwendungen ergänzen diese Prüfungsmöglichkeiten zunehmend.

Lernen mit Medien

Medien nehmen in der Wissenschaft eine immer bedeutendere Rolle ein. In Lehrveranstaltungen werden beispielsweise vermehrt virtuelle Lernumgebungen für die Bereitstellung von Texten, die Organisation von Gruppenarbeiten oder die Kommunikation zwischen den Seminarteilnehmern eingesetzt. Darüber hinaus sind fast alle Studierenden in sozialen Netzwerken aktiv, tauschen sich dort über Studieninhalte aus und organisieren Arbeitsgruppen.

Wie Medien Ihr individuelles Lern- und Wissensmanagement unterstützen können, erfahren Sie in Kapitel IV, 2, S. 141 ff.

Definition

E-Learning und Blended-Learning

Im Rahmen von Lehrveranstaltungen finden Sie zwei unterschiedliche Arten des Lernens:

E-Learning

Bei der Bezeichnung *E-Learning* handelt es sich um einen Überbegriff für unterschiedliche Lehr- und Lernformen, die durch elektronische Medien unterstützt werden. Der Begriff bezeichnet vorrangig das internetbasierte Lernen. Ein Lernarrangement kann aus multimedialen Inhalten, in Form von Texten, Bildern, Animationen, Tondateien, Videos etc. bestehen, die durch Kommunikationstools wie Emails, Foren, Chats u. a. ergänzt werden.

Blended Learning

An der Hochschule ist das reine E-Learning eher selten zu finden. Stattdessen hat sich weitestgehend das *Blended Learning* durchgesetzt, welches eine »Mischung« (engl. *blend*) aus virtuellen Arbeitsphasen und Präsenzlernphasen darstellt.

Übung

Wie nutzen Sie E-Learning- oder Blended-Learning-Angebote im Studium?

Prüfen Sie einmal nach, auf welche Weise solche Angebote in Ihrem Studium integriert sind und wie Sie selbst diese nutzen. Die folgenden Punkte können Ihnen dabei zur Orientierung dienen.

- Welche E-Learning-Angebote finden Sie in Ihrem Studiengang?
- Nutzen Sie in Ihren Seminaren eine Lernplattform oder ein anderes E-Learning-Angebot? Wenn ja, wie viel Zeit wenden Sie dafür auf? Finden Sie dies angemessen? Wenn Sie kein E-Learning Angebot nutzen, was hindert Sie daran? Welche Vorzüge könnte es Ihnen bieten?
- Falls Sie mit einer elektronischen Lernanwendung arbeiten: Wecken die Inhalte Ihr Interesse? Wenn nein, warum nicht und wie könnten Sie dies ändern?
- Haben Sie technische Schwierigkeiten? Wenn ja, wo könnten Sie Hilfestellung finden?

1.2 Lernziele im Studium

Wirtschaftsinformatik, Humanmedizin, Rechtswissenschaft, Kulturanthropologie, Soziologie, Publizistik, Geografie und Chemie sind nur wenige Beispiele für mehrere tausend Studiengänge und lassen die großen inhaltlichen Unterschiede zwischen einzelnen Studienfächern bereits erahnen. Während Sie in Ihrem Studiengang ein ganz spezifisches *Fachwissen* erwerben, ist darüber hinaus auch der Erwerb von fachübergreifenden *Schlüsselkompetenzen* zentral. Im Aufbau der Bachelorstudiengänge ist der Erwerb von Schlüsselkompetenzen sogar als explizites Lernziel verankert, da die Absolventen so für ihre spätere Berufstätigkeit qualifiziert werden sollen.

Unter Schlüsselkompetenzen werden fachübergreifende Fähigkeiten verstanden, wie

- das selbstorganisierte und strukturierte Arbeiten,
- die kritische Auseinandersetzung mit Inhalten,
- das Vortragen von selbst erarbeiteten Themen,
- das sachlich fundierte Diskutieren mit Fachkollegen
- sowie das nachvollziehbare Verschriftlichen von Gedanken.

Wissenschaftliches Arbeiten

Ein wesentliches Ziel des Studiums ist das Erlernen des wissenschaftlichen Arbeitens. Dazu gehört nicht nur, dass Sie bestimmte Routinehandlungen beherrschen, sondern auch, dass Sie in der Lage sind, unbekannte Probleme selbstständig zu lösen.

Probleme wahrnehmen

Jede wissenschaftliche Arbeit und jeder Lernprozess beginnt mit einer Problemstellung. Das kann ein mathematisches Problem sein, der Versuch, ein bestimmtes menschliches Verhalten zu erklären oder ein neues Medikament zu entwickeln. Während Ihnen in einer Vorlesung ein Problem und die passende Lösungsmöglichkeit vorgestellt wird, ist es im Rahmen Ihrer eigenen wissenschaftlichen Arbeit Ihre Aufgabe, ein Problem oder eine Fragestellung zu definieren. Wenn Sie beispielsweise eine Hausarbeit schreiben, sollten Sie in einem ersten Schritt das Problem möglichst präzise benennen. Nur durch eine klare Ausgangssituation ist es möglich, den weiteren Lernprozess auf die Erreichung des Ziels abzustimmen.

Neugierig sein, Fragen stellen und genau beobachten

Nehmen Sie Inhalte oder Meinungen, die Sie lesen, nicht einfach fraglos hin. Seien Sie kritisch und prüfen Sie Aussagen ganz genau:

- Wie ist der Autor zu dieser Meinung gekommen?
- Wie begründet der Autor seine Meinung?
- Gibt es einen empirischen Nachweis, der diese Meinung stützt?
- Sind die Argumente logisch aufgebaut?
- Lässt sich das Problem auch aus einer anderen Perspektive betrachten?

Unterscheiden Sie immer zwischen Ihren alltagsweltlichen Vorstellungen und einer wissenschaftlich fundierten Meinung. Im wissenschaftlichen Kontext spielen subjektive Anschauungen eine untergeordnete Rolle, beziehen Sie sich stattdessen auf theoretisch oder empirisch begründete Aussagen.

Literaturtipp

Hug, Theo/ Poscheschnik, Gerald (2014): Empirisch Forschen. Die Planung und Umsetzung von Projekten im Studium. Reihe: Studieren, aber richtig. Konstanz: UTB/UVK.

Lassen Sie sich jedoch nicht von dem akademischen Titel oder dem Bekanntheitsgrad einer Person beeindrucken. Nur weil etwas schwarz auf weiß geschrieben steht, ist es noch nicht endgültig wahr.

Systematisieren und Differenzieren

Wissenschaftliches Arbeiten besteht darin, Sachverhalte systematisch und differenziert zu beschreiben. Dies bedeutet, dass Sie Ihr Wissen in eine für andere nachvollziehbare Form bringen:

- Dokumentieren Sie Ihre Beobachtungen umfangreich.
- Folgen Sie dabei immer einem »roten Faden«. Dies kann eine spezifische Fragestellung sein, der Ablauf einer Beobachtung oder die logische Reihenfolge von Argumenten.
- Achten Sie bei der Dokumentation darauf, eine möglichst objektive Sichtweise einzunehmen und kennzeichnen Sie eigene und fremde Gedanken deutlich.
- Vermeiden Sie vorschnelle Vermutungen. Denken Sie immer darüber nach, wie Sie eine Meinung oder eine Annahme beweisen können oder welche Argumente die Sichtweise stützen.

Andere Meinungen einbeziehen

Nehmen Sie die Meinungen anderer zur Kenntnis und setzen Sie diese zu den Ihrigen in Bezug. Versuchen Sie auch Bezüge zwischen verschiedenen Themenbereichen herzustellen. Wie verhält sich die eine Theorie zu einer anderen? Wie hängt die Arbeit eines Wissenschaftlers mit der eines anderen zusammen?

Beharren Sie nicht auf einer Meinung, sondern seien Sie offen für andere Sichtweisen, sofern Sie der Argumentation folgen können. Indem Sie sich auf Annahmen einlassen und einem Gedankengang bis zum Ende folgen, gewinnen Sie neue Erkenntnisse und Sichtweisen auf ein Problem hinzu. Oft können sogar einzelne Elemente *einer* Theorie mit Teilen einer *anderen* Sichtweise zu einem sinnvollen Ganzen zusammengefügt werden.

Kritisch lesen und verstehen

Versuchen Sie Inhalte, die Sie lesen oder hören, nachzuvollziehen und zu verstehen. Dazu ist es hilfreich, wenn Sie sich Kontextinformationen beschaffen.

- Wer hat den Text geschrieben?
- An wen richtet sich der Autor?
- Aus welcher Fachrichtung kommt der Dozent?

- Was hat er selbst studiert?
- Welcher theoretische Ansatz wird an einem Institut vertreten?

Achten Sie auf die Argumentationslinien in einem Text. Erscheint Ihnen ein Argument oder ein Bearbeitungsschritt nicht logisch oder wird der Schritt von einem zum nächsten Argument nicht deutlich? Dann haken Sie nach! Lesen Sie nochmal genau diese Stellen, versuchen Sie den Autor zu verstehen oder formulieren Sie Ihre Einwände. Was wäre Ihrer Meinung nach an dieser Stelle logischer? Oft sind es Kleinigkeiten, die eine Theorie zum Kippen bringen oder eine Erweiterung erfordern.

Wissen einordnen und sichern

Ordnen Sie Ihr neu erworbenes Wissen in Ihre bereits vorhandenen Wissensstrukturen ein. Versuchen Sie Zusammenhänge zu erkennen und Analogien herzustellen.

- Wo ist Ihnen so etwas schon mal begegnet?
- Welche Theorien ähneln sich oder beziehen sich auf das gleiche Phänomen?

Machen Sie sich klar, wodurch sich neu hinzugewonnene Erkenntnisse von anderen unterscheiden und inwiefern diese Sie weiterbringen.

Beschäftigen Sie sich mit der Bedeutung einzelner Begriffe. Benennen und vergleichen Sie Eigenschaften von Begriffen und Theorien, um diese in ein Gesamtkonstrukt einordnen zu können. Mit welchen Methoden Sie Ihr vorhandenes Wissen visualisieren und weiterentwickeln können, erfahren Sie in Teil IV.

1.3 Kompetenzen im Studium

Über den Erwerb von Fachwissen hinaus, benötigen Sie verschiedene spezifische Kompetenzen. Dies können Kompetenzen sein, die Ihnen dabei helfen, die Anforderungen Ihres Studiums erfolgreich zu bewältigen, sich notwendiges Wissen aneignen und dieses in unterschiedlichen Kontexten anwenden zu können.

Zentrale Kompetenzen beim Wissenserwerb

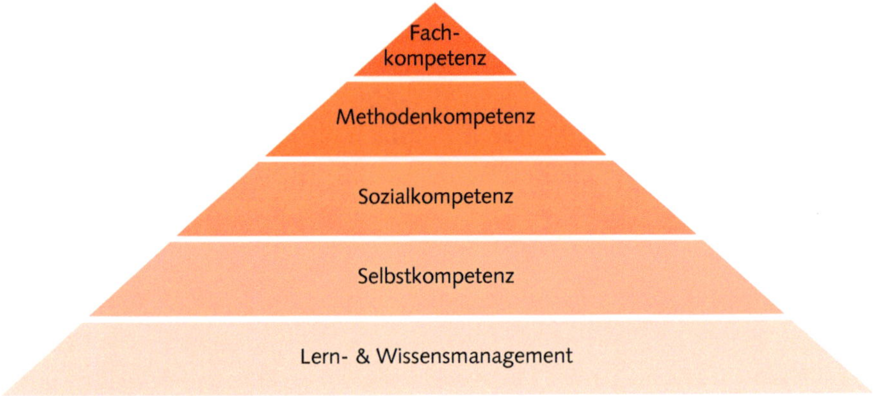

Fach-
kompetenz
Methodenkompetenz
Sozialkompetenz
Selbstkompetenz
Lern- & Wissensmanagement

Abb. 1: Kompetenzpyramide

Fachkompetenz
In jedem Studienfach erwerben Sie spezifisches Fachwissen. Die Fachkompetenz umfasst die Kenntnis von Fakten, Theorien, aktuellen Debatten sowie die Kenntnis über den angemessenen Einsatz von fachspezifischen Forschungsmethoden.

Methodenkompetenz
Unter Methodenkompetenz werden vom Fach unabhängig einsetzbare Kenntnisse und Fähigkeiten zur selbstständigen und flexiblen Bewältigung von neuen und komplexen Aufgaben und Problemen verstanden, wie z. B. die Fähigkeit, unterschiedliche Perspektiven einzunehmen oder sich schnell einen Überblick über ein Themengebiet zu verschaffen. Solche Fähigkeiten erwerben Sie, indem Sie sich immer wieder mit verschiedenen Problemstellungen auseinandersetzen, Lösungswege anderer kennenlernen oder selbst neue Lösungen entwickeln.

Sozialkompetenz
Sozialkompetenz umfasst die Fähigkeit zur Kommunikation und Zusammenarbeit mit anderen sowie die Fähigkeit, Konflikte in verschiedenen Lebenssituationen konstruktiv zu lösen.

Selbstkompetenz
Unter Selbstkompetenz wird die Fähigkeit des eigenständigen und verantwortlichen Handelns in der Gesellschaft verstanden. Dazu gehört die Bereitschaft, das eigene Handeln zu reflektieren, aus Fehlern zu lernen und sich stetig weiterzuentwickeln

Methoden-, Sozial- und Selbstkompetenz werden im Studium selten explizit vermittelt, vielmehr erwerben Sie diese »nebenbei«. Diese Tatsache kann den falschen Eindruck erwecken, dass Sie sich um die genannten Kompetenzen nicht bemühen müssen. Obwohl die Aneignung in vielen Fällen ohne Ihr Zutun stattfindet, können und sollten Sie gezielt auf die Ausbildung aller genannten Kompetenzen einwirken. Dies können Sie tun, indem Sie Ihr eigenes Wissen und Handeln reflektieren und sich bewusst machen, was Sie schon können und was Sie noch lernen wollen.

Dieses Buch setzt auf der untersten, grundlegenden Ebene an und möchte Sie bei Ihrem individuellen *Lern- und Wissensmanagement* unterstützen. Es wird Ihnen verschiedene Methoden vorstellen, durch die Sie Ihr Lernen verbessern und Ihren Wissenserwerb organisieren können.

1.4 Wissen im Studium

Wie erwirbt man nun aber neues Wissen? Um dies nachzuvollziehen, ist die Betrachtung theoretischer Modelle zur Entstehung von Wissen hilfreich, welche im Allgemeinen drei Schritte unterscheiden: Die Informationsaufnahme, die Informationsverarbeitung und schließlich die Speicherung einer Information.

Informationsaufnahme
Den ersten Schritt stellt die Informationsaufnahme dar. Dabei wird zwischen einer reaktiven und einer aktiven Aufnahme unterschieden. Die reaktive Aufnahme wird durch einen äußeren Reiz motiviert, beispielsweise ein ansprechendes Design oder die Aufforderung einer anderen Person. Im Gegensatz dazu wird die aktive Informationsaufnahme durch den Lerner selbst und sein spezifisches Interesse am Lerninhalt hervorgerufen. In beiden Fällen übernimmt der Lernende Informationen in sein Kurzzeitgedächtnis.

Informationsverarbeitung
Die bewusste Wahrnehmung der Information und der Versuch diese zu erfassen, leiten den Prozess der Informationsverarbeitung ein. Wenn der Lerner sich mit Inhalten auseinandersetzt, sie kodiert und anderen bereits vorhandenen Informationen zuordnet, werden diese im Kurzzeitgedächtnis abgespeichert und bleiben dort bis zu 30 Minuten erhalten.

Informationsspeicherung
Im Kurzzeitgedächtnis gespeicherte Informationen gehen nach einiger Zeit wieder verloren. Um eine langfristige Informationsspeicherung zu erreichen, müssen die Informationen wiederholt und gesichert werden. Die Speicherung gliedert sich in eine Übungsphase, in der Informationen eingeprägt werden, und eine Gedächtnisphase, in der die Informationen gesichert und abgelegt werden.

Obwohl der Prozess des Wissenserwerbs immer gleich abläuft, ist das daraus hervorgehende Wissen von Person zu Person sehr unterschiedlich. Denn der Erwerb von neuem Wissen findet immer auf der Grundlage bereits vorhandener Wissensstrukturen statt.

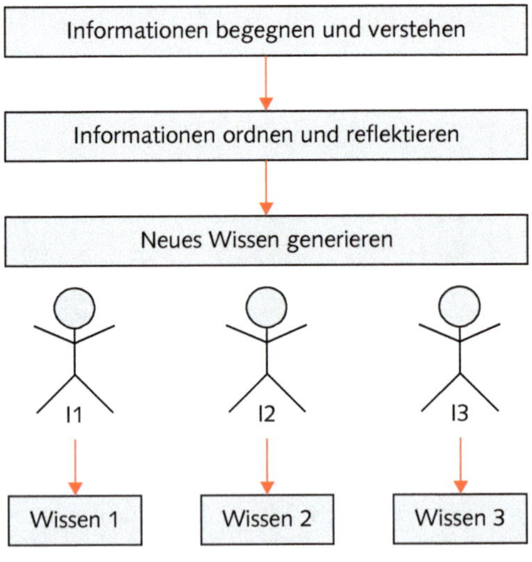

Abb. 2: Individuelles Wissen

Ihr Wissen ist also im Endeffekt eine Sammlung ganz individuell verarbeiteter und abgespeicherter Informationen, die kein anderer in gleicher Art und Weise besitzt. Das macht Ihr Wissen zu einem wertvollen Gut.

2. Welche Herausforderungen begegnen mir im Studium?

Beim Lesen des ersten Kapitels haben Sie bereits erfahren, wie sich das Lernen an der Universität von schulischem Lernen unterscheidet. Die Freiheiten, die das selbstgesteuerte Lernen im Studium mit sich bringt, können jedoch auch zu einer Reihe von Herausforderungen und Schwierigkeiten für den Lernenden führen.

Der Lernfortschritt und die investierte Lernzeit wird im Studium nicht wie in der Schule überprüft, sondern es liegt an Ihnen, das notwendige Wissen für Ihren universitären Abschluss und Ihren späteren Beruf zu erwerben.

Sechs Fallbeispiele

Die folgenden Fallbeispiele verdeutlichen die genannten Herausforderungen, wobei jeder der sechs Charaktere unterschiedliche Schwierigkeiten aus dem Bereich des Lernens und Wissens an der Universität widerspiegelt. Die Typen stellen eine theoretische Vereinfachung dar und sollen einen Anhaltspunkt bieten, um auf spezielle Probleme genauer einzugehen. Sie werden Sie durch das Buch begleiten und Ihnen typische Probleme im Studium und passende Lösungen präsentieren. Vielleicht finden Sie sich und Ihre Probleme in der einen oder anderen Beschreibung wieder.

Der Spontane

Jonas studiert im vierten Fachsemester Soziologie und ist eigentlich zufrieden mit seinem Studium. Die Inhalte interessieren ihn und die Auseinandersetzung mit Texten und Theorien macht ihm Spaß. Sein Problem ist jedoch, dass er einfach keine Ordnung in seine Studienmaterialien bringen kann. In seinem WG-Zimmer stapeln sich Bücher, Ordner und Hefte und lose Blätter mit Notizen fliegen umher. Wenn er keine geeigneten Schreibutensilien griffbereit hat, nutzt er spontan auch mal einen Briefumschlag oder eine alte Rechnung, um Stichworte zu notieren. In Lehrveranstaltungen oder zu Lerntreffen erscheint er meist unzureichend vorbereitet und hat die Hälfte der Unterlagen vergessen. Wenn er sich auf Prüfungen vorbereiten möchte, weiß er häufig nicht, wo er anfangen soll, geschweige denn, wo die relevanten Unterlagen zu finden sind. Da sein Schreibtisch zu voll ist, um daran zu arbeiten, lernt er an den verschiedensten anderen Orten: in der Küche, im Bett, auf dem Sofa oder auf dem Boden.

Überblick

Freiheiten und Herausforderungen im Studium

Freiheiten	Herausforderungen und Schwierigkeiten
Lerninhalte selbst auswählen	• Überforderung • Orientierungslosigkeit • Inhalte selbst strukturieren • Wissenschaftliche Quellen erkennen und bewerten • Suche nach Ansprechpartnern für Fragen • Lerninhalte sichern: Methoden und Instrumente, um sich Informationen zu merken
Texte und darin enthaltene Theorien selbst erarbeiten	• Verständnisschwierigkeiten • Keinen Zugang finden
Argumente in Frage stellen und kritisch prüfen	• Unsicherheit: »Was ist richtig?« • Kritisch denken
Die eigene Meinung einbringen	• Zwischen subjektiver Meinung und wissenschaftlicher Objektivität unterscheiden
Die Zeit selbst einteilen	• Zeitmanagement • Studium und Lebensalltag vereinbaren • Motivationsschwierigkeiten • Procrastination (Aufschiebeverhalten)
Eigenen Interessen folgen	• Zielfindung • Gezielte Auswahl aus einer Vielzahl von Interessensgebieten • Mangelndes Interesse
Wissen	• Angst im Seminar etwas Falsches zu sagen • Konstruktiver Austausch mit anderen • Wissen verwalten

Die Stärken des Spontanen:
Jonas ist sehr flexibel und kann problemlos an unterschiedlichen Orten lernen. Wenn ihm etwas fehlt oder er mit den üblichen Arbeitsmethoden nicht weiterkommt, kann er sehr kreativ sein und schnell neue Lösungen entwickeln. Den Lernort wechselt er zwar meistens aus einer Not heraus, beispielsweise weil der Schreibtisch zu voll oder der Küchenstuhl zu unbequem ist, jedoch können sich Ortswechsel auch förderlich auf das Lernen auswirken. Neue Lernorte können zu neuen Gedanken führen oder dabei helfen, ein Problem aus einer anderen Perspektive zu betrachten. Schreibblockaden sind Jonas eher unbekannt.

Hilfreiche Methoden für den Spontanen:
Karteikartensystem, Notizbuch, Planung, Störungen vermeiden, Ablegen mit Prinzip, Wissenslandkarte, Karten legen

Die Detailverliebte

Obwohl Katharina bereits seit sechs Semestern studiert und alle Prüfungen mit guten Noten bestanden hat, fällt es ihr schwer, Ordnung in ihre Gedanken zu bringen. Wenn sie sich mit einem neuen Thema beschäftigt, verzettelt sie sich in kleinsten Details. Beim Lesen empfindet sie jeden Satz als wichtig und notiert alles, damit sie keine eventuell relevante Information überliest. Dies führt dazu, dass Katharina eine Unmenge an eigenen Notizen produziert, jedoch keinen Überblick über das eigentliche Thema erlangt. Obwohl Katharina einige Wochen vor einer Prüfung mit dem Lernen beginnt, erlebt sie diese Zeit als sehr stressbeladen und fühlt sich unter Zeitdruck, da Sie nicht alle Texte intensiv lesen kann.

Katharina bearbeitet gerne klare Aufgaben und legt großen Wert auf das Feedback von anderen. Am liebsten wäre es ihr, wenn ihr jemand sagen würde, was »richtig« und »falsch« ist und sie auf die wichtigsten Aspekte eines Textes aufmerksam machen würde.

Die Stärken der Detailverliebten:
Katharinas Genauigkeit führt dazu, dass sie keinen Aspekt überliest oder nicht beachtet. Wenn sie umfangreiche Notizen anfertigt und diese in einem zweiten und auch noch in einem dritten Durchlauf erneut zusammenfasst, hat sie dadurch schon einen umfangreichen Lernprozess durchlaufen und sich einen großen Teil der Inhalte bereits eingeprägt. Ihre Empfänglichkeit gegenüber Feedback von

außen ist eine große Stärke von Katharina, dadurch kann sie sich selbst weiterentwickeln und ist eine geschätzte Teamkollegin.

Hilfreiche Methoden für die Detailverliebte:
Fragen an den Text, Planung, Ziele setzen, Bilanz ziehen, Mind-Map, Exzerpt, Belohnung, Lerntagebuch, Wissenslandkarte, Mentorenprinzip, Tortendiagramm

Der Mündliche

Patrick macht sich viele Gedanken, hat aber meist keine Zeit oder Lust sich Fragen oder Ideen aufzuschreiben. Vor Prüfungen oder wenn es an die Entwicklung einer Fragestellung für die Seminararbeit geht, fallen ihm diese guten Ideen dann nicht mehr ein. Seine wenigen Notizen sind unvollständig und selbst für ihn nur schwer oder gar nicht mehr nachvollziehbar. Wenn er lernt, liest er sich Texte in Fachbüchern durch und versucht sich das Wichtigste zu merken. Oft ist er kurz vor Prüfungen darauf angewiesen sich Mitschriften und Skripte von Kommilitonen zu besorgen und diese noch einmal durchzulesen, um sich an alle Informationen zu erinnern und einen Überblick zu gewinnen. Waren die Notizen anderer jedoch fehler- oder lückenhaft, hat ihn das in einigen Fällen schon wertvolle Punkte gekostet.

Die Stärken des Mündlichen:
Patrick ist in der Lage sich Inhalte schnell einzuprägen, daher genügt es ihm oft, wenn er Texte nur durchliest. Es macht ihm großen Spaß Gedanken anderer nachzuvollziehen und weiterzudenken. Auch in seiner Freizeit, beim Bahnfahren oder beim Einkaufen denkt Patrick gerne über fachliche Probleme nach und manchmal kommen ihm dabei richtig gute Ideen. Es bereitet ihm keine Schwierigkeiten vor einer Gruppe frei zu sprechen.

Hilfreiche Methoden für den Mündlichen:
Mitschreiben, Karteikartensystem, Mind-Map, Planung, Karten legen, Storytelling, Mikroartikel

Der Gelassene

Das Lernen, das Schreiben von Hausarbeiten, das Lesen von Texten, die Vorbereitung für ein Seminar, all diesen Tätigkeiten geht Simon gerne aus dem Weg. Stattdessen räumt er sein Zimmer auf, putzt das Bad, repariert den Küchenschrank oder erledigt den Wochenendeinkauf und die Wäsche. Die meiste Zeit hat er zwar ein schlechtes Gewissen, weil er eigentlich lernen müsste, kann sich aber dennoch einfach nicht überwinden und an den Schreibtisch setzen. Er ist der Überzeugung, dass er einen gewissen Druck braucht, um effektiv arbeiten zu können, denn meist schafft er es mit Hilfe von Nachtschichten und unter großer Anstrengung doch noch rechtzeitig mit einer Hausarbeit oder Prüfungsvorbereitung fertig zu werden. Bisher hat er zwar sämtliche Prüfungen im Studium bestanden, aber es kommt immer öfter vor, dass Simon sein Leistungsvermögen in den letzten Minuten überschätzt und Aufgaben schlechter erledigt, als er es eigentlich könnte.

Die Stärken des Gelassenen:
Obwohl Simon mit seinem Aufschiebeverhalten unzufrieden ist, erfüllt es ihn doch jedes Mal mit Stolz, wenn er innerhalb kürzester Zeit umfangreiche Aufgaben erledigen kann. Plötzlich kann er stundenlang am Schreibtisch sitzen und konzentriert arbeiten. Er schiebt nicht auf, weil er es nicht kann, und holt ganz im Gegenteil sogar relativ schnell auf. Glücklicherweise ist Simon in der Lage Zusammenhänge schnell zu erfassen und muss vergleichsweise wenig Zeit aufwenden, um Inhalte zu verstehen.

Hilfreiche Methoden für den Gelassenen:
Tagebuch des Aufschiebens, Planung, Ziel setzen, Störungen vermeiden, Prioritäten setzen, Belohnung, Tortendiagramm, After-Action-Review, Lessons Learned, Salamitaktik, Alpen-Methode, Satz für Satz lesen

Die Perfektionistin

Anna ist in Ihrem Fach sehr gut und die Auseinandersetzung mit den Inhalten macht ihr Spaß. Was auf den ersten Blick so leicht aussieht, bedeutet für Anna jedoch oft Stress und Ärger. Sie stellt an sich selbst den Anspruch, alles perfekt machen zu müssen. Wenn sie beispielsweise eine Hausarbeit schreibt, formuliert sie jeden Satz zehnmal um. Mit Ihrer Arbeit ist sie nie ganz zufrieden und feilt meistens bis kurz vor dem Abgabetermin noch an Kleinigkeiten. Ihr Perfektionismus führt dazu, dass Anna unverhältnismäßig viel Zeit in Studienaufgaben investieren und beispielsweise einen ganzen Tag damit verbringt ein Schaubild zu gestalten. Auch ihre Kommilitonen können es ihr selten recht machen, daher übernimmt sie bei Gruppenarbeiten einen großen Teil der Aufgaben lieber selbst und ärgert sich dann darüber, dass sie die meiste Arbeit machen muss.

Die Stärken der Perfektionistin:

Annas Perfektionismus sorgt dafür, dass sie stets hervorragende Arbeiten abliefert und sehr gute Prüfungsergebnisse erzielt. Lehrende als auch Studierenden können sich auf Anna verlassen. Ihren Berechnungen kann man vertrauen und ihre Recherche ist stets lückenlos. Anna hat ein großes Selbstbewusstsein und es fällt ihr nicht schwer sich an Diskussionen zu beteiligen oder eine eigene Meinung zu einem Thema zu beziehen.

Hilfreiche Methoden für die Perfektionistin:
Prioritäten setzen, Communities of Practice, Exzerpt, Zusammenfassung, Tortendiagramm, Perspektivenwechsel, Pausen einplanen, After-Action-Review, Lessons Learned

Die Sensible

Martina ist sehr engagiert: Sie liest viel, informiert sich auch über Seminarinhalte hinaus und besucht Vorlesungen aus anderen Fachbereichen. Ihre Kommilitonen sind von ihrem umfangreichen Fachwissen beeindruckt und fragen sie oft um Rat. Trotz ihres beachtlichen Wissens ist sich Martina jedoch oft unsicher und traut sich kaum, die Meinung von anderen zu kritisieren. Sie zweifelt häufig an ihren eigenen Fähigkeiten und meldet sich nur selten zu Wort, aus Angst als unwissend dazustehen. Trotz guter Vorbereitung kann sie vor Prüfungen kaum schlafen. Mündliche Prüfungen sind für sie besonders schlimm: Sie wird schnell rot, verhaspelt sich und hat das Gefühl, dass alles schlecht ist, was sie von sich gibt.

Die Stärken der Sensiblen:

Da sie ständig zweifelt und unsicher ist, nimmt Martina alles sehr genau wahr und bearbeitet Aufgaben sehr intensiv. In Projekten kann man sich auf sie und die Qualität Ihrer Arbeit verlassen und sie wird von ihren Kommilitonen sehr geschätzt. Auch die Lehrenden schätzen die gut recherchierten und präzisen Arbeiten, die Martina als Prüfungsleistungen abliefert. Außenstehende bemerken Martinas Unsicherheit oft gar nicht und nehmen sie als gute, stets hilfsbereite Studentin wahr.

Hilfreiche Methoden für die Sensible:
Lerntagebuch, Exzerpt, Zusammenfassung, Mentorenprinzip, After-Action-Review, Lessons Learned, Bilanz ziehen, Belohnung, Best Practice Sharing, Begriffe merken, Analogietraining

Übung

Vielleicht konnten Sie sich bei der einen oder anderen Beschreibung bereits wiedererkennen? Nehmen Sie sich nun noch einmal bewusst Zeit, Ihre eigenen Stärken und Schwächen zu reflektieren.

- Was fällt Ihnen leicht im Studium?
- Was fällt Ihnen schwer?
- In welchen Lernsituationen fühlen Sie sich gestresst, überfordert oder auf andere Weise unangenehm?
- In welchen Lernsituationen fühlen Sie sich wohl?

3. Was muss ich alles wissen und können, um das Studium erfolgreich zu meistern?

Auf bestimmte Rahmenbedingungen des Lernens an der Hochschule haben Sie keinen Einfluss, wie beispielsweise auf die Prüfungsordnung. In Bachelor- und Masterstudiengängen gibt es zudem häufig ein Modulhandbuch, welches darüber Auskunft gibt, in welchem Semester Sie welche Veranstaltungen besuchen und welche Prüfungen ablegen müssen. Die Prüfungstermine werden vom zuständigen Prüfungsamt oder dem Studienbüro gesetzt. Das Modulhandbuch gibt außerdem Auskunft über die fachspezifischen Inhalte und die Kompetenzen, die Sie erwerben sollten. Auch wenn diese Inhalte nicht immer in den Modulprüfungen abgefragt werden, wird doch von Ihnen erwartet, dass Sie sie in Prüfungssituationen beherrschen und anwenden können.

Übung

Nehmen Sie einmal Ihr Modulhandbuch (oder einen Studienführer Ihres Fachs) zur Hand und schreiben Sie sich sämtliche Inhalte und Kompetenzen heraus, die Sie in Ihrem Studium erwerben sollen.
Notieren Sie sich nun zu jeder dieser Fähigkeiten, welche Aspekte Sie bereits beherrschen. Halten Sie außerdem in einem zweiten Schritt zu jeder dieser Kompetenzen fest, weshalb sie für Ihre Ausbildung und Ihren Beruf von Bedeutung sein könnten.

Lesen Sie Ihre Prüfungsordnung:

Auch das Wissen um offizielle Rahmenbedingungen und Richtlinien gehört zu einem erfolgreichen Studium dazu. Damit Sie Ihre eigenen Rechte und Pflichten kennen, lohnt es sich auch, die Prüfungsordnung einmal genau zu lesen. Am besten drucken Sie sich die Ordnung aus und markieren alle Stellen, die für Sie relevant sind. Das Dokument sollten Sie immer griffbereit aufbewahren, sodass Sie bei Fragen oder Unsicherheiten nachsehen können, ob es eine Regelung gibt.

Beschäftigen Sie sich mit der fachspezifischen Literatur:
Die prüfungsrelevante Literatur und die Literatur, die Sie in Seminaren lesen, wird meist von einzelnen Lehrenden oder einer zentralen Einrichtung an Ihrem Institut bestimmt. Jede Literaturliste stellt immer nur einen kleinen Ausschnitt der vorhandenen Fachliteratur dar. Suchen Sie selbstständig nach weiterführenden Werken und lesen Sie auch Texte und Bücher, die nicht auf der Literaturliste genannt werden.

Nutzen Sie die Freiheiten im Studium:
Möglicherweise klingt dies alles für Sie nach vielen Vorschriften und Bürokratie, doch es bleiben Ihnen auch viele Freiheiten bei der Steuerung und Ausgestaltung ihrer Lern- und Wissensprozesse. Während die fachspezifischen Inhalte zwar teilweise vorgegeben sind, können Sie meistens eigene Schwerpunkte setzen.

Besuchen Sie nicht nur Ihre Pflichtveranstaltungen, sondern nehmen Sie auch Angebote aus anderen Fächern, Sprachkurse, technische Schulungen oder die Möglichkeiten zum Erwerb von Zusatzzertifikaten wahr.

Info

Studium Generale

An zahlreichen Universitäten gibt es ein Programm von öffentlichen fachbereichsübergreifenden Veranstaltungen, die häufig als *Studium Generale* bezeichnet werden. Ziel ist es, ganz im Sinne des humanistischen Bildungsideals, eine breite Allgemeinbildung zu ermöglichen.
An einigen Universitäten wird der Begriff auch für eine Orientierungsphase zu Beginn des Studiums verwendet, die den Besuch von Veranstaltungen unterschiedlicher Fachbereiche ermöglicht, um so den Studierenden durch einen Einblick die Fachwahl zu erleichtern und gleichzeitig in den Wissenschaftsbetrieb einzuführen.

Tragen Sie die Verantwortung für Ihr Studium:
Im Selbststudium – und daraus besteht der überwiegende Teil Ihres Studiums – können Sie sich Ihre Zeiten frei einteilen. Es bleibt Ihnen überlassen, ob Sie früh

morgens, mittags oder spät abends lernen und Sie können Pausen machen, wann immer Sie es für richtig halten. Wenn Sie an einem Nachmittag einem Nebenjob nachgehen müssen, können Sie sich diese Zeit freihalten.

Aber Vorsicht: Zwar können Sie sich die Lernzeit frei einteilen, doch müssen Sie auch selbst dafür sorgen, dass Sie Ihre Selbstlernzeit wirklich nutzen und dem Lernen ausreichend Zeit widmen.

Gehen Sie das Lernen methodisch an:

Es gibt keine Rezepte oder Vorgehensweisen, die immer »richtig« sind. Jeder lernt auf seine eigene Weise und aufgrund seiner ganz persönlichen Vorlieben. Wichtig ist jedoch, dass Sie Ihre eigenen Stärken und Schwächen kennen, um sie bewusst zu steuern. Überlassen Sie den Lernerfolg nicht dem Zufall, sondern beschäftigen Sie sich mit Lernmethoden, die zu Ihnen passen. Methoden dazu finden sie in Kapitel 4, 5 und 6.

Übung

Stellen Sie sich selbst folgende Fragen:

Warum studiere ich eigentlich?
Was genau interessiert mich an meinem Fach und weshalb habe ich es gewählt?
Was will ich mit meinem Studium erreichen?
Notieren Sie alles, was Sie an Ihrem Studium interessiert. Eine solche Liste kann Ihnen helfen, Ihre Studienmotivation in schwierigen Momenten aufrechtzuerhalten.

II Der Prozess des Lernens

Damit Sie Ihr Lernen effektiv managen können, ist es wichtig, die Prozesse des Lernens zu verstehen. Im Folgenden erhalten Sie einen Einblick in verschiedene lerntheoretische Ansätze und unterschiedliche Lernstrategien. Anhand von Fallbeispielen aus dem Universitätsalltag werden Ihnen verschiedene Lernmethoden präsentiert. Viele praxisnahe Übungen bieten Ihnen die Gelegenheit, die vorgestellten Methoden selbst anzuwenden. Aus dem Fundus der Methoden können Sie sich eine Ihren eigenen Vorlieben und Bedürfnissen entsprechende Sammlung zusammenstellen.

1. Wie funktioniert Lernen?

In unserer Gesellschaft genügt es nicht, sich einmalig für einen Beruf zu qualifizieren und danach für alle Zeit vom Lernen zu verabschieden. Vielmehr ist es notwendig, dass Sie ständig weiterlernen, in dem Sie beispielsweise Fort- und Weiterbildungen besuchen. Aber nicht nur in beruflicher Hinsicht lernen Sie ein Leben lang, sondern auch im Privaten werden Sie durch neue Situationen immer wieder zum Lernen herausgefordert.

Lernen besteht aus vielen Aspekten:
- Wahrnehmen der Umwelt
- Beurteilen von Informationen
- Erkennen von Regelmäßigkeiten
- Speichern von Informationen
- Verknüpfen mit vorangegangenen Erfahrungen
- Erinnern von gespeichertem Wissen
- Anwenden von Wissen in anderen Kontexten

1.1 Der Lernprozess

Lernen als erfahrungsbasierter Prozess
Lernen findet immer aufgrund von Erfahrungen statt. Eine Person nimmt Informationen aus ihrer Umwelt auf und verarbeitet diese vor dem Hintergrund ihrer bereits vorhandenen Erfahrungen. Zum Beispiel machen Sie im ersten Semester die Erfahrung, dass Veranstaltungen an der Universität in der Regel um »Viertel nach« beginnen. Als Reaktion darauf, stellen Sie Ihr Verhalten um und erscheinen nicht zur vollen Stunde, sondern 15 Minuten später.

Lernen als Veränderung im Verhalten oder im Verhaltenspotential
Das Lernen selbst ist ein Prozess, der nicht sichtbar ist. Sein Ergebnis zeigt sich im Verhalten eines Menschen. Es kann jedoch nicht jeder durchlaufene Lernprozess am Verhalten abgelesen werden. Wenn Sie zum Beispiel ein Verständnis für die geistige Entwicklung des Menschen gewonnen haben oder die Gedanken eines großen Philosophen nachvollziehen können, lässt sich dies nicht unbedingt anhand ihres alltäglichen Verhaltens messen. Die Art und Weise, wie sie auf

andere Menschen zugehen oder wie sie mit philosophischen Fragen umgehen, kann aber durch Ihre Lernerfahrung beeinflusst werden. In diesem Fall spricht man von einer Veränderung im Verhaltenspotential.

Lernen und Leistung

Obwohl in der Psychologie auf die Unterscheidung zwischen *Lernen* und *Leistung* Wert gelegt wird, wird der Lernerfolg in formalen Bildungsinstitutionen meist nur anhand der Leistung eines Menschen gemessen. Auch im Studium wird vorrangig Ihre erkennbare Leistung beachtet. Dennoch sind auch die nicht messbaren Lernerfahrungen von großer Bedeutung für Ihr Leben und Ihr Studium. Machen Sie sich bewusst, dass die abprüfbaren Lernergebnisse nur einen kleinen Teil des Gelernten ausmachen und dass umgekehrt in Prüfungen nur ein kleiner Teil des gesamten Lernprozesses überprüft werden kann.

Lernen als relativ konstante Veränderung

Ein weiteres Merkmal von Lernprozessen ist die relativ konstante Veränderung im Verhalten einer Person. Es kommt nicht nur zu einer einmaligen Abweichung im Verhalten, sondern diese bleibt über verschiedene Situationen hinweg verändert. Wenn Sie zum Beispiel gelernt haben, wie man einen wissenschaftlichen Text schreibt, sollten Sie auch ein Semester später noch in der Lage sein, einen solchen Text zu verfassen.

Dennoch können sich durch einen Lernprozess hervorgerufene Veränderungen auch wieder zurückentwickeln. Wenn Sie beispielsweise ein Musikinstrument gut beherrschen, aber mehrere Jahre nicht darauf spielen, werden Sie das Spiel wieder neu einüben müssen.

Definition

Lernen

Lernen bedeutet, dass Menschen Fähigkeiten erwerben, um sich ihrer Umwelt anzupassen, sinnvoll zu handeln und ihre Umgebung, wenn nötig, zu verändern. Eine Verhaltensänderung oder auch die Änderung des Verhaltenspotentials entsteht aus den persönlichen Erfahrungen eines Menschen und gilt dann als gelernt, wenn sie relativ konstant ist.

1.2 Lerntheoretische Ansätze

In neueren lerntheoretischen Ansätzen werden die Lernenden in das Zentrum eines Lernprozesses gerückt und nehmen eine *aktive* Rolle ein, während sich der Lehrende von der Position des Wissensvermittlers zu der eines Lernbegleiters wandelt.

Der Kognitivismus

Der Kognitivismus wurde vor allem von dem Entwicklungspsychologen Jean Piaget (1983) und dem Psychologen Albert Bandura (1976) geprägt und geht von einem aktiven, selbstständigen Lernprozess aus. Im Zentrum stehen die kognitiven Prozesse des Gehirns, die während des Lernens ablaufen.

Definition

Kognition

Der aus der Psychologie stammende Begriff bezeichnet die geistigen Prozesse eines Menschen, die der Verarbeitung von Erkenntnissen und Informationen dienen, beispielsweise das Denken, die Wahrnehmung oder das Abspeichern von Informationen.

Eine typisch kognitivistisch geprägte Lernsituation an der Universität ist zum Beispiel die Erarbeitung einer schematischen Darstellung von physikalischen Vorgängen. Dabei wird ein realer Prozess abstrakt dargestellt, um den Vorgang so verständlich zu machen.

Die Rolle des Lernenden und des Lehrenden

Aus kognitionslogischer Sicht ist der Lernende aktiv, indem er Wissen nachvollzieht, in bestehende Zusammenhänge integriert oder kritisiert.

Das Lernziel wird jedoch vom Lehrenden vorgegeben und dieser beurteilt, wann es erreicht ist. Der Lehrende unterstützt den Lernenden, indem er Lerninhalte strukturiert und angemessene Lernumgebungen schafft.

Der Konstruktivismus

Der Konstruktivismus geht davon aus, dass Wahrnehmungsprozesse nicht die Realität abbilden, sondern eine *subjektive* Wirklichkeit konstruieren. Der Kommunikationswissenschaftler und Philosoph Ernst von Glaserfeld (1985) folgerte aus diesem Befund, dass Wissen nie als ein solches von einer Person an eine andere übermittelt werden kann, sondern von jedem individuell geschaffen wird.

Eine typische konstruktivistisch geprägte Lernsituation an der Universität ist das Schreiben einer Hausarbeit. Dabei bearbeiten Sie ein Thema auf individuelle Weise und erhalten eine eigene Sichtweise auf ein Problem.

Rollen des Lernenden und Lehrenden

Im Konstruktivismus wird die klassische Trennung von Lehrendem und Lernendem aufgehoben. Der Lehrer übernimmt die Rolle eines Lernberaters und Unterstützers, der den Lernprozess begleitet. Der Lerner steuert den gesamten Lernprozess inkl. des Lernziels und der äußeren Bedingungen selbst.

Übung

Welche lerntheoretischen Ansätze sind Ihnen bisher in Ihrem Studium begegnet?

Notieren Sie, welche Rolle Sie im Lernprozess eingenommen haben und wie Ihr Dozent oder Ihre Dozentin auf Ihr Lernen eingewirkt hat. Versuchen Sie Ihre Seminare einmal den Ansätzen zuzuordnen, doch beachten Sie dabei, dass die lerntheoretischen Ansätze nur selten in »Reinform« erscheinen, sondern häufig verschiedene Ansätze in verschiedenen Phasen eines Seminars angewandt werden.

2. Wie lerne ich im Studium?

Es wurde bereits mehrfach der Stellenwert des selbstgesteuerten Lernens betont. Insbesondere in der modernen Wissensgesellschaft wird von den Gesellschaftsmitgliedern erwartet, dass sie sich schnell an gegebene Umstände anpassen und

Definition

Selbstgesteuertes Lernen

Das Konzept des selbstgesteuerten Lernens betont die aktive Rolle des Lernenden. Der Begriff stammt aus der Kognitionspsychologie und bezieht sich auf die Vorstellung, dass jedes Individuum sein Lernen und Denken selbst regulieren und organisieren kann.

Inhalte selbstständig aneignen können. Die Fähigkeit zum selbstgesteuerten Lernen wird als eine Kernkompetenz im Bildungsprozess angesehen und häufig auch als Schlüsselkompetenz bezeichnet, die für den beruflichen Erfolg zentral ist.

2.1 Das Selbststudium

Selbstgesteuertes Lernen findet in der Hochschule vor allem im sogenannten Selbststudium statt. Grundsätzlich wird zwischen dem *Präsenzstudium* (auch Kontaktstudium), also der Zeit, die Sie in Lehrveranstaltungen verbringen, und dem *Selbststudium*, also der Zeit, die Sie allein oder in Lerngruppen arbeiten, unterschieden. Die gesamte Vor- und Nachbereitung der Lehrveranstaltungen sowie die Bearbeitung von Aufgaben, Hausarbeiten und die Prüfungsvorbereitung werden als Selbststudium definiert.

Im Modulhandbuch oder der Studienordnung eines jeden Studiengangs ist festgelegt, wie sich Präsenzstudium und Selbststudium verteilen. In der Regel nimmt das Selbststudium den größeren Teil der Zeit ein und ist damit die zentrale Form des Lernens im Studium.

Der Begriff *Selbststudium* ist jedoch eher eine Beschreibung der Lernsituation und bedeutet nicht automatisch, dass es sich um selbstgesteuertes Lernen handelt. Selbstgesteuertes Lernen beschreibt vielmehr den erfolgreichen Umgang mit den Anforderungen im Selbststudium.

Übung

Prüfen Sie sich selbst und finden Sie heraus, welche Merkmale Sie bei der Steuerung Ihrer Lernprozesse bereits anwenden.

Merkmal	Fragen Sie sich selbst:
Zielsetzung	Was will ich lernen? Warum will ich es lernen? Welches Ziel strebe ich damit an?
Aufgaben-analyse	Was wird von mir verlangt? Welches Wissen benötige ich, um die Aufgabe zu erfüllen? Auf was kommt es besonders an? Geht es zum Beispiel darum, detailliertes Fachwissen wiederzugeben oder sollen Sie sich einen Überblick verschaffen?

→

← Übung

Merkmal	Fragen Sie sich selbst:
Abruf von Wissen	Was weiß ich bereits? Was muss ich darüber hinaus wissen?
Planung	Wo kann ich notwendige Informationen finden? Wie kann ich diese erreichen? Wie viel Zeit steht mir zur Verfügung? Welcher Schritt ist die Voraussetzung für einen anderen? Womit fange ich an? Wie viel Zeit benötige ich für die einzelnen Schritte?
Anwendung von Lern-strategien	Was will ich lernen und welche Lernstrategie ist dafür angemessen? (Wenn Sie beispielsweise ein Referat über die die Werke Mozarts halten möchten, ist es nicht notwendig Klavier spielen zu lernen.)
(Selbst-) Reflexion	Waren die eingesetzten Lernstrategien erfolgreich? Was sollte ich in Zukunft anders machen? Welche Faktoren haben mich in meinem Lernprozess gestört? Welche Faktoren haben mich in meinem Lernprozess weiterge-bracht?
Suche nach Unterstützung	Welche Aufgabe kann ich nicht alleine lösen? Wer ist ein kompetenter Ansprechpartner? Wer ist bereit mir zu helfen? Wann ist es sinnvoll die andere Person zu kontaktieren?
Selbst-motivierung	Warum möchte ich das Lernziel erreichen? Was passiert, wenn ich das Lernziel erreiche? Was passiert, wenn ich es nicht erreiche? Wie kommt es dazu, dass ich mich in dieser Lernsituation befinde? Warum habe ich mich entschieden ein Studium aufzunehmen?
Aufmerksam-keitskontrolle	Was lenkt mich ab? Wie kann ich dafür sorgen, dass ich nicht abgelenkt werde?
Beobachtung	Was tue ich in diesem Moment? Führt mein momentanes Handeln zum angestrebten Ziel? Ist die Zeit, die ich für das aktuelle Handeln aufwende angemessen oder führt es mich zu weit weg vom Thema? Ist die Lernstrategie, die ich anwende, sinnvoll? Könnte mir eine andere Lernstrategie weiterhelfen?
Erfolgs-kontrolle und Selbst-bewertung	Was weiß ich jetzt, was ich vorher nicht wusste? In welchem Moment habe ich etwas dazu gelernt? Habe ich mein Lernziel vollständig erreicht? Was weiß ich immer noch nicht?

2.2 Arbeit in der Lerngruppe

Beim Lernen spielen soziale Prozesse eine wichtige Rolle. Nur in der Auseinandersetzung mit anderen, können Sie Ihr subjektives Wissen überprüfen, vergleichen, abgrenzen und erweitern. Versuchen Sie deshalb sich möglichst häufig mit Ihren Kommilitoninnen über Gehörtes und Gelerntes auszutauschen.

Sie schaffen es einfach nicht allein zu lernen, lassen sich immer wieder ablenken und halten Ihre Zeitpläne nicht ein? Dann versuchen Sie doch einmal in einer Gruppe zu lernen. Hören Sie sich um, ob es vielleicht bereits eine Lerngruppe gibt, der Sie sich anschließen können, oder motivieren Sie Ihre Kommilitonen und Bekannten, sich zu einer Gruppe zusammenzuschließen und gemeinsam zu lernen.

Gruppenarbeiten eignen sich beispielsweise ...
- für die kritische Bearbeitung von Fachliteratur
- zur Nachbereitung von Lehrveranstaltungen
- zur Wiederholung von Lernstoff zur Prüfungsvorbereitung
- für die Arbeit an Projekten
- zum gemeinsamen Forschen

Die Voraussetzung für eine erfolgreiche Gruppenarbeit ist, dass Sie sich vorher über die Ziele und die damit verbundene Art der Gruppenarbeit Gedanken machen.

1. Die Informationsgruppe

In einer Informationsgruppe informieren sich die Teilnehmer gegenseitig, beispielsweise in Form von Kurzvorträgen, über ein bestimmtes Thema. In gemeinsamen Diskussionen wird der Gehalt der Informationen überprüft, Verständnisfragen werden geklärt und durch die aktive Auseinandersetzung mit dem Stoff wird das Gelernte vertieft und gefestigt. Die Arbeit in einer Informationsgruppe ist einem Seminar sehr ähnlich.

2. Die Trainingsgruppe

Die Mitarbeit in einer Trainingsgruppe ist sinnvoll für das Einüben bestimmter Techniken oder Fertigkeiten, wie zum Beispiel das freie Sprechen, die Anwendung von wissenschaftlichen Forschungsmethoden oder sportlichen Übungen. Eine

Teilnahmevoraussetzung ist ein gewisser Kenntnis- oder Leistungsstand, der im Training verbessert werden soll. Diese Gruppenart wird üblicherweise von erfahrenen Personen geleitet, die den Teilnehmern Rückmeldung zu Ihrem Fertigkeitsgrad geben können.

3. Die Diskussionsgruppe

In einer Diskussionsgruppe werden bereits bekannte Informationen inhaltlich erörtert. Dies setzt voraus, dass sich alle Teilnehmer gut auf die Inhalte vorbereitet haben und über einen ähnlichen Wissensstand verfügen. Diskussionsgruppen eignen sich besonders für die Vorbereitung auf mündliche Prüfungen.

4. Die Problemlösegruppe

Problemlösegruppen bedürfen einer guten Koordination. Um gemeinsam ein Problem zu bearbeiten, müssen alle Gruppenmitglieder über die notwendigen Vorinformationen verfügen und einen gemeinsamen Lösungsweg anstreben. Problemlösegruppen bieten sich vor allem für Projektgruppen an und werden, mit Ausnahme der gelegentlichen Beratung eines Betreuers, eigenständig geleitet.

Die Gruppenarbeit bietet gegenüber der Einzelarbeit immer Vor- und Nachteile. Machen Sie sich diese bewusst, bevor Sie sich für eine Arbeitsform entscheiden und wählen Sie der Situation entsprechend eine angemessene Form aus.

Vorteile von Gruppenarbeit:

- **Mehrperspektivität:** Jedes Gruppenmitglied verfügt über ein anderes Vorwissen und eine andere Perspektive auf den Lerngegenstand. Die Zusammenführung verschiedener Perspektiven steigert die Problemwahrnehmung.
- **Raum für Fach- und Verständnisfragen:** Im Rahmen von Gruppenarbeiten können Sie Fragen stellen und Wissenslücken offenbaren, was Ihnen im Seminar vielleicht unangenehm ist.
- **Rückmeldung:** Nutzen Sie die Arbeit in der Gruppe um den von Ihnen bearbeiteten Anteil einmal probeweise vor anderen zu präsentieren. Die Rückmeldungen, die Sie bezüglich Ihres Auftretens, Ihrer Sprache, Ihrer Gestik und Mimik von der Gruppe erhalten, können Ihnen dabei helfen Ihre Vortragsweise zu verbessern.
- **Motivation:** Die regelmäßige Rückmeldung und das Gefühl, einer Gemeinschaft anzugehören, erhöhen Ihre eigene Motivation.

- **Verpflichtung:** Der entstehende Gruppendruck wird Ihnen unter Umständen Ihre Abhängigkeit von anderen vor Augen führen. Durch die soziale Kontrolle in der Gruppe und die Verantwortung, die jedes Gruppenmitglied trägt, fühlen Sie sich verpflichtet ihre Aufgaben termingerecht zu erfüllen.
- **Kooperations- und Teamfähigkeit:** Im Rahmen von Gruppenarbeit erwerben Sie kooperative und kommunikative Fähigkeiten, wie beispielsweise Moderationsfähigkeit, Verantwortungsbereitschaft, Kommunikations-, Kritik- und Konfliktlösefähigkeit sowie soziale Sensibilität und die Bereitschaft zur Selbstreflexion.
- **Anregungen**: Der Austausch mit den Kommilitonen bietet darüber hinaus intellektuelle Anregungen, die zu Ihrer persönlichen Entwicklung und zum Vorankommen in Bezug auf Ihre eigenen Ziele beitragen.

Unterschiede zur Einzelarbeit:

- **Individuelle Lerngeschwindigkeit**: Wenn Sie allein arbeiten, können Sie Ihre Lerngeschwindigkeit selbst bestimmen. Sie können die Arbeit nach Ihren Vorstellungen einteilen, das Arbeitstempo und Pausen selbst bestimmen und Ihrem Interesse folgen, ohne Kompromisse eingehen zu müssen.
- **Flexibilität**: Hinsichtlich der zeitlichen und räumlichen Gestaltung von Lernsituationen sind Sie allein deutlich flexibler und müssen die Entscheidung nicht zeitaufwendig mit allen anderen abstimmen.
- **Motivationsschwierigkeiten:** Alleine Lernen macht meistens weniger Spaß. Dementsprechend ist es schwierig sich aufzuraffen und mit dem Lernen zu beginnen.
- **Verengte Problemsicht:** Probleme mit dem Lern- bzw. Arbeitsgegenstand sind schwieriger zu beheben, da Sie alleine eher eine unausgewogene Gewichtung einzelner Aspekte oder eine verengte Problemsicht haben als in einer Gruppe. So unterliegen Sie auch dem Zwang, nicht Verstandenes allein bewältigen zu müssen.

Arbeitsablauf von Gruppensitzungen:

Wenn Sie eine Lerngruppe gründen oder einer bestehenden Gruppe beitreten, achten Sie darauf, dass der Ablauf der einzelnen Treffen einem bestimmten Muster folgt. Viel Zeit wird bei Gruppentreffen vertan, weil die einfachsten Vorbereitungen unterbleiben. Jedes Treffen muss vorab organisatorisch, thematisch und personell geplant werden.

Phasen der Gruppenarbeit:
1. Die Vorbereitung
2. Die Durchführung
3. Herausforderungen und Konflikte

Links

Um in einer großen Gruppe einen gemeinsamen Termin zu finden, bietet die Anwendung **Doodle** eine Möglichkeit, virtuell Terminabsprachen zu treffen.

doodle.com

Eine Alternative ist der **Terminplaner** des Deutschen Forschungsnetzwerks (DFN), bei dessen Entwicklung besonderer Wert auf den Schutz persönlicher Daten gelegt wurde.

https://terminplaner4.dfn.de/

1. Die Vorbereitung:

- **Rahmenbedingungen:** Zur organisatorischen Vorbereitung gehören das vorherige Festlegen von Ort, Zeit, benötigten Unterlagen und eventuellen technischen Hilfsmitteln, wie Computern, Texten, einer Tafel, einem Projektor etc. Aber auch die Sitzordnung zählt dazu, denn eine Voraussetzung für eine gelingende Diskussion ist, dass sich alle Teilnehmer anschauen können. Stellen Sie gegebenenfalls Tische um oder suchen Sie sich einen alternativen Arbeitsplatz.
- **Gruppenzusammensetzung:** Arbeiten Sie in nicht zu großen Gruppen, um die Gruppenprozesse nicht negativ zu beeinflussen. Eine Gruppe von vier bis sechs Personen ist optimal.
- **Kontaktdaten:** Tauschen Sie Telefonnummern und Email-Adressen untereinander aus, damit Sie sich in Ihrer Gruppe Mitteilungen, Arbeitsergebnisse, Protokolle und sonstige Informationen zusenden können.
- **Verbindlichkeiten:** Treffen Sie Vereinbarungen darüber, wie häufig Ihre Treffen stattfinden sollen und ob diese Treffen regelmäßig oder an unterschiedlichen Terminen erfolgen. Entscheiden Sie außerdem, wo Sie sich treffen möchten, an einem zentralen Ort oder in privater Atmosphäre, zum Beispiel in der Wohnung eines Mitglieds.
- **Zielsetzung:** Eine klare Zielstellung ist die Voraussetzung für eine gelingende Gruppensitzung. Am besten legen Sie die Ziele für die kommende Sitzung bereits am Ende einer vorangehenden Sitzung gemeinsam fest, wobei es bei komplexen Themen notwendig sein kann, dass Sie ein Thema in Teilziele untergliedern.

- **Formulierung von Arbeitszielen**: Die Arbeitsziele formulieren Sie am besten als Fragen und nicht als einfache Punkte. Statt *Aufstellung von Regeln* ist die Formulierung *Welche Regeln sind für unsere Gruppe und Aufgabenstellung zweckmäßig?* sinnvoller, dadurch steigt der Anforderungscharakter an Sie und die anderen Gruppenmitglieder.
- **Verteilung von Arbeitsaufgaben**: Teilen Sie alle Arbeitsaufgaben, die sich aus den Arbeitsschritten und -zielen ergeben, gerecht in Ihrer Gruppe auf.
- **Erstellen eines Arbeitsplans:** Erstellen Sie gemeinsam einen Arbeitsplan, auf dem Sie festhalten, wer welche Aufgaben übernimmt. Vereinbaren Sie bei der Verteilung von Aufgaben immer, bis zu welchem Termin diese spätestens erledigt sein müssen. So behält jeder Einzelne den Überblick und die Ergebnisse werden rechtzeitig zusammengetragen. Beachten Sie jedoch, dass Sie sich realistische Ziele setzen. Zu hoch gesteckte Ziele können nicht erreicht werden und führen zu einer Demotivation der Gruppe.
- **Inhaltliche Vorbereitung:** Beschränken Sie sich bei der Vorbereitung nicht nur auf Ausschnitte. Wenn Sie zum Beispiel nur einen Teil eines Textes vorstellen, lesen Sie dennoch den kompletten Text, um sich bei Ihren Ausführungen auf den Gesamtzusammenhang und Ihre Mitreferenten beziehen zu können. Erst dadurch wird ein Referat zum Gemeinschaftswerk und nicht zu einer bloßen Zusammensetzung einzelner Teilreferate.

Übung

Versuchen Sie bei Ihrer nächsten Gruppenarbeit einen Plan zu erstellen. Dieser könnte beispielsweise so aussehen:

Name	Telefonnummer & Email	Aufgabe	Frist
Patrick	Tel: 02345/678910 Email: patrick@uni.de	Literaturrecherche in der Unibibliothek zum Thema XY	Bis spätestens 30.06.
Martina	Tel.: … Email: martina@uni.de	Verschriftlichung des Brainstormings zum Thema XY	Bis spätestens 23.06.
Ansprech-partner: Prof. Weise	Email: profweise@uni.de Sprechstunde: Mo: 12–13 h		

2. Die Durchführung:

Bestimmen Sie für jedes Treffen einen Sitzungsleiter, der die Verantwortung für den Sitzungsverlauf übernimmt. Seine Aufgabe ist es, das Sitzungsziel im Auge zu behalten, darauf zu achten, dass auch zurückhaltende Teilnehmer zu Wort kommen und Monologe einzelner Teilnehmer begrenzt werden. Der Sitzungsleiter sollte allerdings keine Dozentenrolle übernehmen.

1. **Orientierungsphase**
   Die Orientierungsphase dient zur Vorstellung des Sitzungszieles und der Unterziele, sodass jeder Teilnehmer weiß, welche Ergebnisse für diesen Termin angestrebt werden. Je besser jeder einzelne Teilnehmer vorbereitet ist, desto weniger Zeit wird diese Phase in Anspruch nehmen.

2. **Informationsphase**
   In der Informationsphase teilen die Gruppenmitglieder einander ihre gewonnenen Ergebnisse sowie alle weiteren relevanten Informationen mit. Für diese Phase eignen sich Präsentationen in Form von Kurzreferaten, da dies gleichzeitig eine gute Übungsmöglichkeit für die Teilnehmer darstellt. Machen Sie sich vorab Notizen, was Sie den anderen Mitgliedern mitteilen möchten und formulieren Sie Stichpunkte zu relevanten Themen.

3. **Diskussionsphase**
   Die zusammengetragenen Informationen werden in der Diskussionsphase im Hinblick auf das Sitzungsziel besprochen und gemeinsam abgewogen. Während in der Praxis Probleme eher nach ihrer Durchführbarkeit und Dringlichkeit beurteilt werden, stehen im wissenschaftlichen Bereich für die Beurteilung von Informationen Maßstäbe wie Objektivität, Methodik, Nachvollziehbarkeit, Systematik und Mittelbarkeit im Vordergrund.

4. **Evaluationsphase**
   Bevor Sie zum Schluss kommen, wird in einer Evaluationsphase die bisherige Sitzung bewertet und gemeinsam überlegt, ob Sie alle Ziele erreicht haben. Klären Sie dazu, ob die vorhandenen Informationen zur Erreichung des Sitzungszieles ausreichend, aktuell und wesentlich sind. Fragen Sie sich, ob die Diskussion zur erwünschten Klarheit geführt hat.

5. **Beschlussphase**
   Darauf aufbauend wird die Beschlussphase eingeleitet, in der das Fazit der Gruppensitzung gezogen und die Fragestellung beantwortet wird. Legen Sie in der Gruppe fest, wie weiter vorgegangen werden soll. Wie kann das Gelernte beispielsweise umgesetzt werden? Welche Themen müssen Sie beim nächsten Treffen noch einmal genauer diskutieren oder klären etc.?

6. **Fixierungsphase**
   Schließlich werden die Ergebnisse der gemeinsamen Sitzung dokumentiert. Bestimmen Sie am besten für jedes Treffen einen Schriftführer, der alle wesentlichen Inhalte notiert und ein Protokoll verfasst, welches allen Gruppenmitgliedern zur Verfügung gestellt wird. Zwar sind Protokolle arbeitsintensiv, doch sie können sehr sinnvoll sein, wenn eine Gruppenarbeit zum Beispiel über einen längeren Zeitraum andauert und lang Zurückliegendes noch einmal nachvollzogen oder überprüft werden soll. Im Protokoll sollten Sie unbedingt auch die weiteren Schritte, Aufgaben und deren Verteilung vermerken, damit jedes Gruppenmitglied weiß, was als nächstes zu tun ist.

7. **Vorbereitung der nächsten Sitzung**
   Legen Sie am Ende Ihres Treffens einen Termin, Ort und das Ziel der nächsten Sitzung fest und unterrichten Sie Nichtanwesende über den Verlauf der Arbeit und über den Termin der kommenden Sitzung.

3. Herausforderungen und Konflikte in der Gruppenarbeit:

Die Arbeit in einer Lerngruppe kann jedoch auch Herausforderungen oder Konflikte mit sich bringen.

Soziales Bummeln: Der mangelnde Antrieb einzelner oder mehrerer Personen wirkt sich auf den Arbeitsprozess der Gruppe negativ aus. Wie genau es zu dem Phänomen des sozialen Bummelns kommt, ist noch nicht vollständig geklärt. Es wird vermutet, dass mit zunehmender Gruppengröße die sogenannte Selbstaufmerksamkeit, d.h. die Betrachtung der eigenen Arbeit, in den Hintergrund rückt und das Verantwortungsgefühl abnimmt. Der Einzelne verlässt sich in diesem Fall zu stark darauf, dass die wichtigen Aufgaben schon andere erledigen werden.

Maßnahmen:

- **Klare Vereinbarungen**: Klären Sie immer, wer für was zuständig ist, und halten Sie dies schriftlich fest.
- **Zwischenbilanzen**: Ziehen Sie Zwischenbilanzen, um zu prüfen, welche Aufgaben bereits erledigt wurden und welche Aufgaben noch anstehen. Vereinbaren Sie genaue Termine, bis wann die Aufgaben zu erledigen sind.
- **Jour Fixe**: Die Einführung eines sogenannten Jour Fixe, also eines festen Arbeitstermins ist durchaus sinnvoll um Verbindlichkeit zu erzeugen.

Parteienbildung: Es bilden sich konkurrierende Untergruppen, die sich nicht einigen können oder wollen.

Maßnahmen:

- **Bewusste Gruppenwahl**: Arbeiten Sie bewusst einmal nicht mit der besten Freundin oder einem gutem Freund zusammen, sondern stellen Sie sich auch auf andere Personen und andere Meinungen ein.
- **Probleme lösen**: Gehen sie Problemen nicht direkt aus dem Weg, in dem Sie sich den Gleichgesinnten anschließen, sondern diskutieren Sie offen und fair über verschiedene Meinungen und Lösungswege.
- **Offenheit**: Seien Sie neugierig auf die Ansichten der anderen, denn davon können Sie im Endeffekt nur selbst profitieren.

Streit oder negative Spannungen: Jeder Mensch geht mit Gruppenprozessen anders um und hat eigene Lern- und Arbeitsgewohnheiten, die nicht immer mit allen Gruppenmitgliedern harmonieren. Natürlich sind auch nicht immer alle Gruppenmitglieder einer Meinung, unterschiedliche Meinungen sind sogar die Regel.

Maßnahmen:

- **Kompromisse**: Streitigkeiten und negative Spannungen lassen sich dadurch umgehen, dass Sie sich zu Beginn der gemeinsamen Arbeit bewusst machen, dass Gruppenarbeit Kompromisse fordert. Stellen Sie sich also darauf ein, dass nicht alles so läuft, wie Sie es sich vorstellen und schrauben Sie Ihre Erwartungen etwas zurück.
- **Ich-Botschaften**: Sprechen Sie auftretende Probleme offen an. Formulieren Sie freundlich, was Sie stört. Achten Sie dabei darauf, dass Sie Ich-Botschaften statt Du-Botschaften senden, also sagen Sie beispielsweise nicht »Du hast schon wie-

der …«, sondern beziehen Sie das Problem auf sich selbst: »Ich finde es schwierig, wenn …« So vermeiden Sie es, dass einzelne Gruppenmitglieder sich angegriffen fühlen und deshalb abblocken.

2.3 Lernen mit Strategie

Jeder Mensch lernt anders und geht beim Lernen unterschiedlich vor. Dabei verfügt jeder Lerner über eine Vielzahl unterschiedlicher Lernstrategien, welche er in einem Lernprozess meist unbewusst anwendet. Lernstrategien beziehen sich auf verschiedene Bereiche des Lernens, wie beispielsweise auf das Speichern von Informationen, die Informationsverarbeitung, die Überwachung des eigenen Lernprozesses oder die Steuerung äußerer Bedingungen.

1. Kognitive Lernstrategien:
Wiederholungsstrategien sorgen beispielsweise dafür, dass Informationen im Kurzzeitgedächtnis aktiv gehalten werden und kommen vor allem dann zum Einsatz, wenn Sie Inhalte auswendig lernen, um sie kurze Zeit später wiederzugeben.

Elaborationsstrategien dienen dazu, vorhandenes Wissen zu aktivieren und mit neuen Informationen zu verknüpfen. Diese Strategien wenden Sie beispielweise an, wenn Sie sich ein praktisches Beispiel für ein theoretisches Modell überlegen.

Organisationsstrategien kommen zur Anwendung, wenn neue Informationen durch bestimmte Techniken strukturiert werden, z. B. wenn Sie ein Exzerpt für einen gelesenen Text verfassen oder eine Mind-Map zeichnen.

2. Metakognitive Lernstrategien:
Der Begriff der *Metakognition* bezeichnet das Nachdenken über das Denken, die *Kognition* auf einer höheren Ebene, der sogenannten *Metaebene.* Dieses planvolle und zielgerichtete Nachdenken in Lernsituationen hilft dem Lernenden, das eigene Lernen besser zu organisieren und zu steuern.

Sie kennen das sicher: Sie sind dabei einen komplexen Text zu lesen und stellen während des Leseprozesses fest, dass Sie nicht verstehen, um was es in dem Text geht. Oder Ihnen fällt nach der Lektüre auf, dass Sie den Text nicht in eigenen Worten wiedergeben können. Solche Feststellungen lassen erkennen, dass während des Lesens metakognitive Prozesse im Gang waren. Diese Prozesse ermöglichen die Überwachung der eigenen Lernvorgänge, wie zum Beispiel das Erkennen von eigenen Lernschwächen oder auch Stärken, die Wahrnehmung von Lernstrategien oder die Selbstkontrolle bei der Lösung einer Aufgabe.

Selbstbeobachtung: Zunächst müssen Sie das eigene Lernverhalten beobachten und ein Bewusstsein für das eigene Denken und Wissen entwickeln, um automatisch ablaufende Denkmuster zu erkennen.

Selbstregulation: Daran anschließend überwachen Sie die Lernaktivitäten und üben Strategien ein, um Denkmuster zukünftig zu erkennen und nicht einfach automatisch anzuwenden.

Selbstbewertung: Schließlich gehen Sie aktiv gegen ungewünschte Denkmuster vor. Sie entwickeln ein Bewusstsein für die eigene Motivation und strukturieren Ihr Lernen um.

3. Ressourcenbezogene Lernstrategien:

Sie können nur dann effektiv lernen, wenn Sie die für das Lernen notwendigen, inneren und äußeren Ressourcen hinreichend nutzen und die Rahmenbedingungen des eigenen Lernens gut organisieren.

Ressourcenbezogene Lernstrategien beziehen sich u. a. auf die folgenden Bereiche:

Innere Ressourcen	Äußere Ressourcen
Eigene Aufmerksamkeit	Arbeitsplatzgestaltung
Willensstärke	Lernen in einer Gemeinschaft
Anstrengung	Umgang mit externen Störungsquellen
Management der eigenen Zeit	Nutzung zusätzlicher Informationsquellen

Link

Auf seiner Internetseite stellt Werner Stangl umfangreiches **pädagogisches und psychologisches Wissen** gut aufbereitet zur Verfügung. Unter anderem werden dort die Themen Lernen, Lerntechniken, Gedächtnis und Motivation behandelt.

stangl-taller.at/ARBEITSBLAETTER

2.4 Lernstile und Lerntypen

Das Konzept der *Lernstile* stammt aus der Lernpsychologie und beschreibt, dass Menschen auf unterschiedliche Art und Weise lernen. Forscher gehen davon aus, dass der individuelle Lernstil einer Person relativ stabil und nicht einfach zu verändern ist.

Der amerikanische Lerntheoretiker David A. Kolb entwickelte in den 80er Jahren ein Modell des Lernzyklus, durch welches sich verschiedene Lernstile definieren lassen. Er unterteilt den Lernprozess in vier Stadien, die zusammen einen Kreislauf ergeben.

Konkrete Erfahrung (KE)
Im Stadium der *Konkreten Erfahrung* nimmt der Lernende Reize aus seiner Umwelt auf. Dies ist zum Beispiel der Fall, wenn Sie ein Glas Wasser umstoßen und feststellen, dass das Wasser ausläuft.

Reflektierende Beobachtung (RB)
In der Phase der *reflektierenden Beobachtung* wird der Lerngegenstand oder das Problem aus verschiedenen Perspektiven eingehend betrachtet. Im Fall des umgestoßenen Wasserglases würden Sie die physikalischen Eigenschaften des Glases und des Wassers genauer betrachten und feststellen, dass das Glas eine Öffnung hat und das Wasser nur im Glas bleibt, wenn dieses in einer bestimmten Position (mit der Öffnung nach oben) steht.

Abstrakte Begriffsbildung (AB)
In der anschließenden Phase der *Abstrakten Begriffsbildung* werden die Erfahrungen und Beobachtungen durch logisches und analytisches Denken in ein theoretisches Konzept integriert. In dem Beispiel würden Sie vielleicht ein Konzept über die Eigenschaften verschiedener Stoffe (Glas = fest, Wasser = flüssig) entwickeln.

Aktives Experimentieren (AE)
In der Phase des *Aktiven Experimentierens* werden die gewonnenen Erkenntnisse schließlich praktisch erprobt, wodurch wiederum neue Erfahrungen gemacht werden und der Lernkreislauf weiterläuft. Sie würden beispielsweise das Glas mit anderen Stoffen füllen und beobachten, was passiert, wenn Sie das Glas umstoßen. Oder Sie könnten das Wasser in andere Gefäße füllen und beobachten, was geschieht.

In allen anderen Lernprozessen lassen sich die einzelnen Phasen wiederfinden. Versuchen Sie einmal darauf zu achten, was genau Sie tun, wenn Sie mit einem neuen Problem, sei es im Privaten oder im Studium, konfrontiert sind.

Schematische Darstellung des Lernzyklus

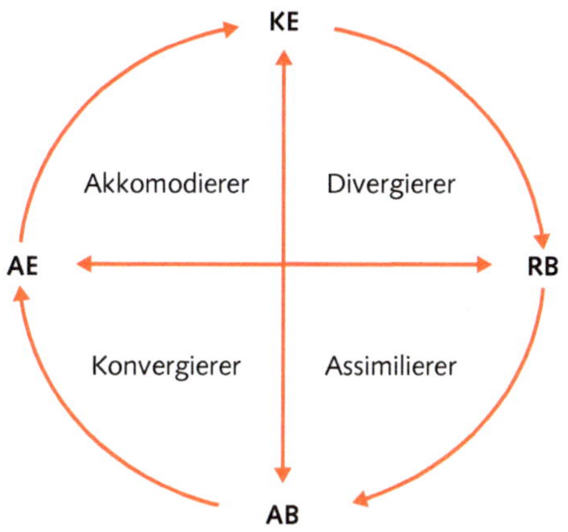

Abbildung: Lernzyklus nach Kolb (Kolb 1984, S. 42)

Während eines Lernprozesses werden immer alle Lernstadien durchlaufen, wobei verschiedene Lerntypen, je nach ihren eigenen Lernvorlieben, unterschiedliche Stadien stärker oder weniger stark nutzten.

Überlegen Sie einmal, welche Lernphasen Ihnen besonders wichtig sind.

- Probieren Sie Dinge gerne selbst aus, um eigene Erfahrungen zu sammeln?
- Halten Sie sich lieber im Hintergrund auf und beobachten die Situation in Ruhe?

Übung

Welcher Lerntyp sind Sie?

Machen Sie den Test!
Die deutsche Version des Lernstiltests nach David A. Kolb übersetzt von Haller & Nowack finden Sie unter *https://learninglab.uni-due.de/sites/default/files/Kolb.pdf.*

Einen weiteren Test zu Ihrem Lerntyp von Werner Stangl, finden Sie auf *stangl-taller.at* unter dem Punkt *online-tests*.

- Denken Sie gerne intensiv über theoretische Zusammenhänge nach?
- Entwickeln Sie gerne eigene kleine Modelle, um sich Phänomene aus dem Alltag zu erklären?

Literaturtipp

Grotehusmann, Sabine (2008): Der Prüfungserfolg: Die optimale Prüfungsvorbereitung für jeden Lerntyp. Offenbach: GABAL

3. Welche Methoden helfen mir dabei, mein Lernen zu organisieren?

Im Studium finden Prüfungen meist am Ende eines Semesters, eines Moduls oder am Ende des Studiums statt. Daher umfassen die Prüfungen oft eine größere Stoffmenge, als Sie es möglicherweise aus Ihrer Schulzeit gewohnt sind. Häufig wird Ihnen auch keine Literatur vorgegeben, sondern es liegt allein an Ihnen, diese zu suchen. Darüber hinaus wird von Ihnen verlangt, dass Sie Lerninhalte nicht nur wiedergeben, sondern auch kritisch hinterfragen können.

Um den Anforderungen des Lernens im Studium gerecht zu werden, müssen Sie den gesamten Lernprozess, wie die Auseinandersetzung mit Lerninhalten, die Vorbereitung des Lernens, die Kontrolle des eigenen Lernerfolgs und die Gestaltung der Lernumgebung selbst organisieren. Ebenso müssen Sie Ihre Lerntätigkeiten mit Ihren anderen Verpflichtungen und Anforderungen, wie zum Beispiel Ihren sozialen Kontakten oder einer Erwerbstätigkeit koordinieren.

Im Folgenden werden Ihnen anhand von Fallbeispielen verschiedene Lernschwierigkeiten und dazu passende Lösungsansätze vorgestellt. Sie lernen Methoden kennen, die dazu geeignet sind, Ihre eigenen Kompetenzen in den Bereichen der kognitiven, metakognitiven und ressourcenbezogenen Lernstrategien zu fördern.

3.1 Kognitive Lernstrategien

Kognitive Lernstrategien zielen darauf ab, durch die gedankliche Auseinandersetzung mit Inhalten einen Lernfortschritt zu erreichen.

Problem

Martina konnte sich Dinge noch nie besonders gut merken. Schon in der Schule hat sie über ihre Mitschüler gestaunt, die Jahresdaten oder Namen wichtiger Personen problemlos wiedergeben konnten. Obwohl sie sich mit den Inhalten ausgiebig beschäftigt, fällt es ihr auch im Studium schwer, sich einzelne Daten, Begriffe oder Formeln für schriftliche Klausuren oder mündliche Prüfungen einzuprägen.

Grundsätzlich ist das sture Auswendiglernen von Inhalten im Studium zu vermeiden (siehe dazu *Träges Wissen*, Teil III), dennoch ist es manchmal notwendig, bestimmte Fachbegriffe oder Namen wichtiger Autoren zu memorieren. Nutzen Sie Merkstrategien und Mnemotechniken nur in bestimmten Situationen, streben Sie stattdessen immer ein allgemeines Verständnis von Inhalten an. Ein gutes Grundverständnis unterstützt die Merkfähigkeit, da es einfacher ist, sich Begriffe in einem bekannten Kontext zu merken, als in einem völlig unbekannten Zusammenhang.

Methode: *Begriffe merken*

Testen Sie zunächst einmal Ihre Merkfähigkeit. Prägen Sie sich dazu die folgende Liste von Gegenständen 12 Sekunden lang ein und decken Sie die Wörter dann ab.

Zahnbürste	Bügelbrett
Taschenlampe	Ohrenschützer
Krawatte	Plastikteller
Regenjacke	Feuerzeug
Kopfkissen	Fotokamera
Sonnenschirm	Wasserflasche

Wie viele Gegenstände können Sie wiedergeben?

Den meisten Menschen fällt es schwer, alle Begriffe wiederzugeben. Ein einfacher Trick, um sich einzelne Begriffe, Daten oder Zahlen zu merken, ist die Herstellung eines memorialen Systems. Dazu wird ein Begriff beim Merken mit einem Ort verknüpft, welchen Sie sich bildlich vorstellen. Sie können die Dinge beispielsweise in Gedanken an bestimmten Stellen in Ihrer Wohnung positionieren oder an verschiedenen Orten auf dem Weg zur Universität, den Sie im Geiste entlang wandern, ablegen.

Die Erinnerung anhand eines memorialen Systems könnte zum Beispiel so lauten:

Stellen Sie sich vor, wie Sie gerade Ihre Wohnung verlassen und sich auf den Weg zur Universität machen. Beim Verlassen der Wohnung fällt Ihnen auf, dass die Zahnbürste auf dem Schlüsselbrett liegt. Im Hausflur steht das Bügelbrett, die Taschenlampe hängt an der Eingangstür, vor der Eingangstür hat jemand seine Ohrenschützer verloren, auf der Straßenkreuzung liegt eine Krawatte, an der Bushaltestelle liegt ein Plastikteller auf der Bank, im Bus hängt eine Regenjacke, beim Austeigen zündet sich jemand eine Zigarette mit einem Feuerzeug an, am Straßenrand liegt ein altes Kopfkissen, gegenüber steht ein Pärchen und macht mit einer Fotokamera Bilder von einem riesigen Sonnenschirm. Darunter steht ein Mann und verkauft Wasserflaschen.

Es gibt unendlich viele Möglichkeiten, ein memoriales System zu erschaffen. Probieren Sie es selbst aus.

Methode: *Beispiele finden und Bedeutung zuschreiben*

Je mehr Bedeutung einem Ereignis zugeschrieben wird, desto mehr Details werden darüber gespeichert. Verleihen Sie daher einzelnen Aspekten, Gegenständen oder Ereignissen, die Sie sich merken wollen, eine besondere Bedeutung.

Wissen Sie zum Beispiel noch, was Sie am 31. Dezember des letzten Jahres gemacht haben? Und wissen Sie auch, was Sie am 21. Oktober desselben Jahres gemacht haben?

Wahrscheinlich können Sie die erste Frage sehr gut beantworten, da es sich um einen Tag mit einer besonderen Bedeutung handelt. Die zweite Frage werden die meisten Personen nur schwer beantworten können, es sei denn der Tag liegt noch nicht lange zurück oder es fand ein für sie bedeutendes Ereignis an diesem Tag statt.

Auch Lerninhalte, die für Sie persönlich eine Bedeutung haben, können Sie sich leichter merken. Machen Sie sich daher immer die Bedeutung der Inhalte in Ihrem Studium klar.

- Warum ist es für Sie persönlich wichtig, sich das spezifische Wissen anzueignen?
- Was möchten Sie mit dem Wissen nach Ihrem Studium erreichen?
- Können Sie sich eine Situation vorstellen, in der Sie das spezifische Wissen anwenden werden?

Formulieren Sie Beispiele, um sich komplizierte Sachverhalte zu verdeutlichen und zu merken. Das können eigene Erfahrungen oder Beobachtungen der Umgebung sein. Wenn Sie zum Beispiel in der Soziologie- oder Wirtschaftsvorlesung die theoretischen Modelle für das menschliche Verhalten, wie den *Homo Sociologicus* und den *Homo Ökonomicus* kennenlernen, überlegen Sie sich in welchen Situationen Menschen nach diesen Prinzipien handeln. Beobachten Sie ihre Kommilitonen und versuchen Sie deren Handlungen in verschiedene Modelle einzuordnen.

Methode: *Mitschreiben*

Mitschriften sind eine unverzichtbare Grundlage für die Vorbereitung von Prüfungen, Hausarbeiten oder kommenden Veranstaltungen. Im Laufe Ihres Studiums fertigen Sie zahlreiche Mitschriften an, so entsteht ein Privatarchiv von persönlichen Aufzeichnungen, auf das Sie später immer wieder zurückgreifen können. Das ist jedoch oft einfacher gesagt, als getan.

Problem

Patrick besucht einige Vorlesungen. Meistens kann er dem Professor gut folgen, aber zum Mitschreiben kann er sich nur selten durchringen. Wenn er es dann doch einmal versucht, hat er das Gefühl gar nicht mehr mitzukommen. Der Dozent spricht und erklärt Zusammenhänge so schnell, dass Patrick mit dem Schreiben nicht nachkommt. Er muss sich so stark auf seine Notizen konzentrieren, dass er gar nicht mehr richtig zuhören kann. Dadurch ist er nach jedem Versuch Vorlesungsnotizen zu machen frustriert. In den folgenden Sitzungen lässt er das Mitschreiben wieder bleiben, weil er das Gefühl hat, dass er es einfach nicht *kann*.

1. **Die Warming-Up-Phase:**
   - Informieren Sie sich vor einer Veranstaltung darüber, was Sie erwartet. Meist helfen Ihnen hier ein Vorlesungsplan, der Titel eines Referates oder ähnliches.
   - Fragen Sie sich, was Sie schon von dem Thema wissen. Haben Sie schon etwas über den Inhalt gehört, gelesen oder erfahren? Schlagen Sie gegebenenfalls in Ihren Unterlagen nach.
   - Formulieren Sie vorab schriftlich Fragen, die Sie an die Veranstaltung haben. Welche Begriffe, Widersprüchlichkeiten oder inhaltlichen Fragen möchten Sie klären?

2. **Die Notiz-Phase:**
   - Vermeiden Sie es wörtlich mitzuschreiben! Wenn Sie eigene Worte wählen, erhöht sich das Verständnis des Gehörten und das eigene Mitdenken wird gefördert.
   - Schreiben Sie nur kurze Sätze oder Schlagworte und verwenden Sie Abkürzungen oder Symbole. Stellen Sie Zusammenhänge bildlich oder schematisch dar.
   - Nutzen Sie dabei den ganzen Platz auf Ihrem Blatt. Kreisen Sie Wichtiges ein, setzen Sie Pfeile für Verbindungen, notieren Sie sich Assoziationen, Bezüge und Querverbindungen zu anderen Gebieten.
   - Hören Sie genau zu: Formulierungen, wie *manchmal*, *je nachdem* oder *selten* sind relativierende Aussagen. Unterscheiden Sie zwischen Fakten und der persönlichen Meinung oder Einschätzungen des Vortragenden.
   - Nutzen Sie Redundanzphasen des Vortrages (diese werden Ihnen durch Formulierungen, wie *zur Illustration*, *nehmen wir zum Beispiel* etc. deutlich gemacht), um festzustellen, ob Sie das vorher Gesagte verstanden haben.
   - Stellen Sie Zwischenfragen, wenn Ihnen Unklarheiten auffallen.
   - Überprüfen Sie, ob die von Ihnen vorab formulierten Fragestellungen geklärt sind.

3. **Die Überarbeitungs-Phase:**
   - Überarbeiten Sie Ihre Notizen zeitnah. Nach einer Veranstaltung sollten Sie so früh wie möglich Ihre Mitschriften überarbeiten, da das Gesagte dann noch präsent ist.
   - Schließen Sie Wissenslücken. Thematisieren Sie Verständnisschwierigkeiten im Anschluss im Gespräch mit Kommilitonen oder klären Sie Lücken mit Hilfe von Fachbüchern.

Methode: *Mind-Map*

Die Methode des *Mind-Mapping* ist sehr vielseitig einsetzbar. Sie kann sowohl zum Strukturieren von Texten, als auch zur Ordnung der eigenen Gedanken und Ideen oder zum Lernen verwendet werden. Eine Mind-Map dient dazu, sich einen Themenüberblick zu verschaffen und Unterthemen zuzuordnen sowie darüber hinaus Verbindungen und Argumentationslinien in einem Schaubild aufzuzeigen.

Problem

Martina liest einen Text, den sie präsentieren soll und hat das Gefühl, einfach nicht zu verstehen, was der Autor sagen möchte. Sie kennt bestimmte Fachbegriffe nicht, kann mit Verweisen nichts anfangen und auch nicht mit den Forschungsmethoden, die der Autor in seiner Studie angewandt hat. Martina fühlt sich inkompetent und weiß nicht, wie sie weiter vorgehen soll.

In den seltensten Fällen ist eine Aufgabe zu schwierig, um sie zu bewältigen, auch wenn es Ihnen im ersten Moment so erscheint. Im Gegenteil, es gehört sogar zu Ihren Aufgaben im Studium, Verständnisschwierigkeiten selbst zu lösen. Lassen Sie sich dabei nicht von unverständlichen Sätzen oder komplizierten Absätzen in einem Text abschrecken, denn oftmals liegt genau dort der Knackpunkt des Textes. Markieren Sie sich die schwierigen Textstellen und verschaffen Sie sich zunächst einen Überblick darüber, was Sie bereits verstanden haben.

- Beginnen Sie eine Mind-Map, indem Sie in der Mitte eines Blattes (auch einer Tafel, auf einem Flipchart etc.) einen zentralen Begriff oder das Thema eines Textes aufschreiben.
- Platzieren Sie rund um dieses Thema anschließend Unterthemen, die mit Verbindungslinien an das zentrale Thema angeschlossen sind. Versuchen Sie beispielsweise zu jedem Textabschnitt ein Schlagwort oder einen einfachen Satz zu formulieren, welcher eine Abzweigung darstellt.
- Den Unterthemen können ebenfalls wieder Unterthemen zugeordnet werden, sodass sich die Linien immer weiter verzweigen. Die Linien machen die Zusammenhänge zwischen einzelnen Begriffen oder Textelementen deutlich.
- Arbeiten Sie mit Symbolen, so können Sie Inhalte und Zusammenhänge besser veranschaulichen. Wichtig ist, dass die Mind-Map grafisch festgehalten wird! Nur so können Sie sich das Bild gut einprägen und sich einen Überblick über die Thematik verschaffen.

- Wird eine Mind-Map in einer Gruppe erstellt, sollten Sie unbedingt darauf achten, groß und deutlich zu schreiben. Am besten eignet sich, je nach Gruppengröße, ein Flipchart, eine Tafel oder eine Pinnwand. Vervielfältigen Sie die Mind-Map für alle Teilnehmer.

Software

Mindmeister	Webbasiertes Werkzeug, welches jedoch in der kostenfreien Version in den Rechten limitiert ist mindmeister.com/de
X-Mind	Downloadbare kostenfreie Software für die Erstellung von Mind-Maps xmind.net
FreeMind	Weiteres downloadbares kostenfreies Programm zur Mind-Map-Erstellung freemind.softonic.de

Methode: *Satz für Satz lesen*

Nehmen Sie sich, nachdem Sie eine Mind-Map angefertigt haben, schwierige Textpassagen noch einmal vor. Gerade die Verständnisschwierigkeiten können durch ein strukturiertes Satz-für-Satz-Lesen behoben werde.

- Lesen Sie jeden Satz genau und fassen Sie ihn in eigenen Worten zusammen.
- Gehen Sie erst zum nächsten Satz über, wenn Sie den vorherigen vollständig verstanden haben und in eigenen Worten wiedergeben können. Dieses Vorgehen ist oftmals anstrengend und Sie kommen evtl. nur sehr langsam voran. Lassen Sie sich dennoch nicht verleiten zu schnell, über schwierige Passagen hinweg zu gehen, oder Begriffe, die Sie nicht verstehen, zu überlesen.
- Orientieren Sie sich zwischendurch immer wieder an der angefertigten Mind-Map und versuchen Sie das Gelesene in den Zusammenhang einzuordnen.
- Entdecken Sie Unstimmigkeiten oder Fragen, die sich anhand des Textes nicht klären lassen, so formulieren Sie diese schriftlich am Rand des Textes oder in Ihrer Mind-Map.
- Fassen Sie den Text schließlich noch einmal komplett in eigenen Worten zusammen.

Ein Beispiel:

»Wahrnehmen heißt ja etymologisch im Deutschen ursprünglich ›etwas zur Bewahrung oder zur Beachtung nehmen‹, also sinngemäß ›etwas bewahren, was der Aufmerksamkeit zufiel‹. Diese ursprüngliche Bedeutung ist im Verwendungssinn: ›eine Aufgabe, ein Amt, eine Interesse, eine Gelegenheit wahrnehmen‹ eher erhalten als im Verwendungssinn ›einen Gegenstand wahrnehmen‹. Das Übereinstimmende beider Verwendungsweisen läßt sich so umschreiben: Vom unmittelbaren Sinneseindruck und der parallel dazu laufenden Empfindung wird das Überdauernde, Musterhafte, also die Struktur abgehoben und ebenso fixiert wie eine grundsätzlich offene Handlungssituation durch das Einklinken eines vorgegebenen Musters (Amt, Interesse etc.) strukturiert wird.«

(Oevermann: Krise und Muße 1996, S. 3)

Originaltext	**Eigene Worte**
Wahrnehmen heißt ja etymologisch im Deutschen ursprünglich »etwas zur Bewahrung oder zur Beachtung nehmen«, also sinngemäß »etwas bewahren, was der Aufmerksamkeit zufiel«	Wahrnehmen bedeutet »etwas bewahren«
Diese ursprüngliche Bedeutung ist im Verwendungssinn: »eine Aufgabe, ein Amt, eine Interesse, eine Gelegenheit wahrnehmen« eher erhalten als im Verwendungssinn »einen Gegenstand wahrnehmen«.	Die Wahrnehmung, also das Bewahren, eines Gedankens (Amt, Interesse, Gelegenheit) ist vom Sprachgebrauch her logischer, als das gedankliche Bewahren eines Gegenstandes.
Das Übereinstimmende beider Verwendungsweisen läßt sich so umschreiben: Vom unmittelbaren Sinneseindruck und der parallel dazu laufenden Empfindung wird das Überdauernde, Musterhafte, also die Struktur abgehoben und ebenso fixiert wie eine grundsätzlich offene Handlungssituation durch das Einklinken eines vorgegebenen Musters (Amt, Interesse etc.) strukturiert wird.	Bei einem Sinneseindruck wird die spezifische Struktur eines Gegenstandes wahrgenommen. Ein Amt, Interesse etc. gibt einer Situation ebenfalls eine spezifische Struktur. Insofern funktioniert die Wahrnehmung in beiden Fällen auf die gleiche Art und Weise. **Verständnisfrage**: Wie strukturiert ein Amt eine Situation?

Um die in diesem Beispiel formulierte Verständnisfrage zu klären, können Sie ein Beispiel formulieren oder sich einen Fall überlegen, in dem ein Amt eine Situation strukturiert:

Ein Polizist stoppt einen Autofahrer, weil dieser zu schnell gefahren ist. Die Situation, die sich daraus ergibt, ist klar strukturiert. Der Polizist wird den Autofahrer verwarnen oder belehren oder auch eine Strafe für zu schnelles Fahren verhängen. Der Autofahrer wird dies akzeptieren, da er die Autorität des Amts des Polizisten anerkennt. Nicht denkbar wäre, dass der Autofahrer den Polizisten darüber belehrt, dass man Autos während der Fahrt nicht einfach anhalten sollte und sich der Polizist für die Störung entschuldigt. Die Situation ist durch das Amt des Polizisten klar strukturiert.

Methode: *Exzerpt*

Unter dem Begriff *exzerpieren* (lat. excerpere = herauspflücken) versteht man das auszugsweise Wiedergeben bzw. Herausschreiben von Informationen bei der Lektüre eines Textes. Die Textstellen können Sie dabei entweder als längere Zitate wörtlich wiedergeben oder in eigenen Worten kurz zusammenfassen. Das Ziel des Exzerpierens ist es, auf den Inhalt eines Textes zu späteren Zeitpunkten zurückgreifen zu können, ohne den Originaltext nochmals lesen zu müssen.

Vorteile der Methode:
- Das Textverständnis wird gründlicher, da Sie den Text nicht nur mit Randbemerkungen versehen, sondern die zentralen Gedanken in eigenen Worten wiedergeben.
- Der Rückgriff auf die Inhalte des Originaltextes fällt Ihnen leichter, da das Exzerpt viel kürzer ist und nur wesentliche Inhalte enthält.
- Der Weg vom Lesen zum Schreiben wird durch das Exzerpieren verkürzt. Sie lösen sich durch diesen Vorgang ein Stück vom Originaltext und geben dem Text eine eigene Struktur.

Vorgehen:
- Verschaffen Sie sich durch ein erstes Lesen einen Überblick über den Text im Hinblick auf folgende Fragestellungen:
  - Was versprechen Titel und Untertitel?
  - Was wissen Sie über den Autor? Hat er schon andere Texte zum Thema veröffentlicht? Welcher »Schule« oder »Denkrichtung« gehört er an?
  - Wann wurde der Text veröffentlicht?
  - Was verspricht der Klappentext?
  - Wie ist das Inhaltsverzeichnis strukturiert?

- Unterteilen Sie anschließend den Text in Sinnabschnitte und formulieren Sie das Thema jedes Abschnitts. Dabei können Ihnen die Kapitel, Abschnitte und Absätze des Textes behilflich sein.
- Zitieren Sie Definitionen, Hauptbegriffe und wichtige Thesen im originalen Wortlaut. Überleitungen, Beispiele und Argumentationsketten können Sie hingegen leicht in eigenen Worten zusammenfassen.
- Versprachlichen Sie Beziehungen im Text: »Der Autor definiert den Begriff …« oder »Der Autor bringt … als Beispiel für …« oder »Für … führt der Autor den Grund an, dass …«.
- Kommentieren Sie den Text und formulieren Sie Kritikpunkte und Einwände. Markieren Sie diese eigenen Stellen besonders. Wenn es sich um einen längeren Text oder ein Buch handelt, können Sie später Zusammenfassungen eines Abschnitts zu Zusammenfassungen eines Kapitels verdichten.
- Fügen Sie dem Exzerpt die bibliographischen Angaben und evtl. auch die Signatur der Bibliothek hinzu und vermerken Sie die Textsorte.
- Notieren Sie sich innerhalb des Exzerpts die Seitenzahlen, damit Sie gegebenenfalls später auf das Buch verweisen können, ohne die Seitenzahl noch einmal nachschlagen zu müssen.

Methode: *Zusammenfassung*

- Lesen Sie den Text abschnittsweise.
- Schreiben Sie unmittelbar nach dem Lesen eines Abschnitts aus ihrer Erinnerung heraus einen kurzen Text oder wenige Sätze darüber, was Sie eben gelesen haben.
- Formulieren Sie vollständige Sätze, denn so sind Sie gezwungen, die Zusammenhänge genauer zu durchdenken, als dies beim Notieren einzelner Stichpunkte der Fall ist.
- Stellen Sie sich vor, Sie wollten einer Person, die über das Thema keinerlei Wissen hat, die zentralen Aussagen des Textes verständlich machen.
- Durch eine gute Zusammenfassung ersparen Sie sich später aufwändiges Blättern und ständiges Nachlesen, Sie lernen bereits bei der Lektüre mehr, da Sie sich intensiver mit dem Textinhalt beschäftigen, und können später Ihre Zusammenfassung zum Lernen verwenden.

Übung

Nehmen Sie einen Fachtext zur Hand, welchen Sie für eine kommende Seminarsitzung lesen müssen und versuchen Sie die vorgestellten Methoden darauf anzuwenden. Verschaffen Sie sich zunächst einen Überblick über den Text, nehmen Sie dazu die Fragen auf Seite 68 zur Hilfe. Formulieren Sie eine besondere Fragestellung, mit der Sie an den Text herantreten wollen. Schreiben Sie diese in die Mitte eines DIN-A4-Blattes und fertigen Sie beim Lesen eine Mind-Map an, die alle wesentlichen Punkte des Textes in Bezug auf die Fragestellung beinhaltet.

3.2 Metakognitive Strategien

Metakognitive Lernstrategien beziehen sich vor allem auf die Überwachung und Bewertung des eigenen Lernvorgangs. Es geht also nicht um die direkte Auseinandersetzung mit dem Lerninhalt, sondern um die übergeordnete Ebene, das Nachdenken über das eigene Lernvorgehen. Dabei analysiert sich der Lerner selbst, beobachtet seine eigenen Handlungen und bewertet den eigenen Lernerfolg. Dies wird auch als *interne Erfolgskontrolle* oder *Self-Monitoring* bezeichnet.

Problem

Bereits in eineinhalb Wochen findet die erste Abschlussklausur statt und Katharina hat bisher kaum etwas gelernt. Beim Durchgehen ihrer Unterlagen bemerkt sie, dass sie die Inhalte bereits teilweise wieder vergessen hat und dass sie einfach zu umfangreich sind, um sie in weniger als zwei Wochen komplett zu lernen. Sie nimmt sich den ersten Text vor und merkt dabei, dass Sie allein zwei Stunden benötigt, um ihn intensiv zu lesen und zu verstehen. Außerdem müsste sie selbst nach weiteren Texten suchen, um das Wissen aus dem Seminar zu vertiefen. Katharina ist verzweifelt.

Wenn Sie selbst einmal in einer solchen Situation sind, ist es wichtig zwischen kognitiven und metakognitiven Strategien zu unterscheiden. Natürlich müssen Sie sich mit den Inhalten für die Klausur auseinandersetzen und dazu kognitive Lernstrategien anwenden, wie sie im vorherigen Abschnitt beschrieben wurden. Darüber hinaus müssen Sie Ihr Vorgehen durchdenken, um einen Plan zu entwerfen, der es erlaubt in der vorgegebenen Zeit erfolgreich zu lernen.

Verschaffen Sie sich zunächst einen Überblick:

- Suchen Sie einen roten Faden. Kein Seminar, keine Übung und keine Vorlesung ist ohne einen roten Faden aufgebaut. Die Seminare eines Faches, die einzelnen Veranstaltungen in einem Seminar oder die verschiedenen Texte zu einem Fachgebiet beziehen sich aufeinander, bauen aufeinander auf und ergänzen sich.
- Strukturieren Sie das Thema.
  - Was ist der Titel der Veranstaltung?
  - Was ist das Thema der Klausur?
  - Welche Literatur wurde empfohlen?
- Gehen Sie anhand des Seminarplans die einzelnen Sitzungen durch und notieren Sie sich zwei bis drei Stichworte zu jeder Sitzung. Anhand dieser Stichworte können Sie den roten Faden rekonstruieren.
- Ordnen Sie die Themen in einen Gesamtzusammenhang ein, beispielsweise mit Hilfe einer Mind-Map. Sie können den roten Faden auch visualisieren. Zeichnen Sie eine Linie auf ein Papier, welche das Hauptthema darstellt. Neben die Linie schreiben Sie weitere Stichworte, die Sie für relevant halten. Prüfen Sie bei jedem Stichwort, in welchem Zusammenhang es mit der Hauptlinie steht.
- Verschaffen Sie sich einen ersten inhaltlichen Einblick über kurze Artikel oder Definitionen. Im Internet, zum Beispiel bei Wikipedia, gibt es häufig kurze Zusammenfassungen oder Erläuterungen zu einem Thema, die als erster Einstieg oder um einen Überblick zu gewinnen hilfreich sind.

Methode: *Fragen an den Text*

- Treten Sie mit einer klaren Fragestellung an den Text heran. Formulieren Sie diese Frage oder einen bestimmten Aspekt möglichst konkret und halten Sie ihn schriftlich fest.

  Beispiele für Fragen an den Text:
  - Welches theoretische Modell wird in dem Text herangezogen?
  - Welche Methode wurde angewandt und wie wird dies begründet?
  - Was sagt der Text über die Bestimmung des Begriffs XY aus?

- Legen Sie vor dem Lesen fest, welcher Teil des Textes für Sie besonders relevant ist. Wenn Sie sich beispielsweise für die angewandten Forschungsmethoden entscheiden, markieren Sie schon im Vorfeld das entsprechende Kapitel.

- Verschaffen Sie sich einen Gesamteindruck. Beim ersten Lesen müssen Sie nicht alles im Detail verstehen, wichtig ist, dass Sie einen Gesamteindruck und ein Grundverständnis gewinnen.
- Markieren Sie sich die Abschnitte, die Sie nicht verstanden haben und lesen Sie diese danach noch einmal. Behalten Sie dabei Ihre Fragestellung im Kopf und prüfen Sie, ob der Abschnitt zur Klärung beiträgt.

Methode: *Bilanz ziehen*

Beurteilen Sie direkt nach dem Lesen, was Sie aus dem Text mitnehmen können.

- Welches Wissen hat mir der Text gebracht?
- Stimmen die Aussagen mit meinen bisherigen Erkenntnissen / Informationen überein?
- Gibt es Widersprüche zu anderen Autoren?
- Sind Parallelen zu anderen Texten zu erkennen?
- Welche Aussagen und Hinweise scheinen besonders interessant zu sein?
- Welche Quellenangaben versprechen interessante Informationen?

Mit jedem gelesenen Text erweitert sich Ihr gedankliches Informationsnetz, sodass im Laufe Ihres Studiums eine Art Landkarte entsteht, in welche Sie neue Texte und Erkenntnisse einordnen können (siehe auch *Wissenslandkarte*, Teil IV).

Methode: *Ziele setzen*

- Erstellen Sie sich frühzeitig einen Lernplan. Klären Sie als erstes die Rahmenbedingungen.
  - Was können Sie wann und wo am besten erledigen?
  - Sind die Rahmenbedingungen gegeben, um konzentriert zu arbeiten?
  - Welche Räumlichkeiten möchten sie nutzen?
  - Welche Unterlagen benötigen Sie?
  - Brauchen Sie eine digitale Infrastruktur?
- Beschäftigen Sie sich intensiv mit Ihren eigenen Zielen, bevor Sie damit beginnen, diese zu verfolgen. Wenn Sie sich wirklich sicher sind, wonach Sie streben

und was Sie wollen, dann kann es Ihnen nur schwer passieren, dass Sie sich »verrennen« und an Ihrem Ziel vorbeilernen.

- Schreiben Sie Ihre Ziele auf und notieren Sie jeweils, warum Sie diese Ziele erreichen möchten.

Ziele	Gründe

- Sortieren Sie Ihre Ziele. Welches der Ziele ist Ihnen am Wichtigsten? Was wollen Sie zuerst angehen? Erstellen Sie eine Rangfolge, die Sie nach und nach angehen können.

Rangfolge meiner Ziele:

1. ______________________

2. ______________________

3. ______________________

…

Übung

Tragen Sie in die vier Felder alle Vor- bzw. Nachteile ein, die Ihnen einfallen.

Welche Vorteile hat es für mich, wenn ich mein Studium zügig beende?	Welche Vorteile hat es für mich, wenn ich mein Studium nicht zügig beende?
Welche Nachteile hat es für mich, wenn ich mein Studium zügig beende?	Welche Nachteile hat es, wenn ich mein Studium nicht erfolgreich beende?

Abb. 3: Entscheidungshilfe

- Wägen Sie ab. Das Erreichen von Zielen ist immer auch mit dem Verzicht auf andere Dinge verbunden. Machen Sie sich bewusst, welche Kosten Sie für die Erreichung eines Ziels unter Umständen in Kauf nehmen müssen, und wägen Sie die jeweiligen Vor- und Nachteile gut ab.
- Bewerten Sie die aufgelisteten Konsequenzen nach ihrer Wichtigkeit bzw. Relevanz. 10 Punkte können beispielsweise eine sehr hohe Gewichtung bedeuten und 1 Punkt eine sehr niedrige.
- Addieren Sie anschließend alle Punkte eines Quadranten zusammen. Sie können anhand der Gesamtzahlen erkennen, welcher Quadrant Sie bei Ihrer Zielerreichung am meisten beeinflusst. Sind es eher die Nachteile, die ein abgebrochenes Studium mit sich bringt? Oder eher die Vorteile, die Sie mit einem abgeschlossenen Studium nutzen können?

Langfristige und kurzfristige Ziele

Grundsätzlich kann zwischen langfristigen und kurzfristigen Zielen unterschieden werden. Beide sind wichtig und erfüllen ihre spezifische Funktion.

- **Langfristige Ziele** wirken sich besonders auf die Motivation aus, sie geben Ihrem Handeln einen Rahmen und eine grobe Richtung vor.
- **Kurzfristige Ziele** sind überschaubarer, einfacher zu erreichen und sorgen dafür, dass Sie Ihrem langfristigen Ziel Schritt für Schritt näher kommen.

Ein langfristiges Ziel kann zum Beispiel sein, dass Sie später einmal in einem bestimmten Bereich arbeiten möchten, wofür Sie einen guten Studienabschluss benötigen. Aus diesem langfristigen Ziel ergeben sich die kurzfristigen Ziele: Um einen guten Studienabschluss zu erreichen, müssen Sie sich in Ihrem Fachgebiet gut auskennen und in Prüfungen gute Leistungen zeigen.

Prüfen Sie von Zeit zu Zeit, ob Ihre langfristigen Ziele noch immer die Gleichen sind oder ob sie sich verändert haben, denn dies wirkt sich auch auf die Gestaltung Ihrer kurzfristigen Ziele aus. Mangelnde Motivation für eine Klausur zu lernen, kann zum Beispiel damit zusammenhängen, dass Sie an Ihrem Berufswunsch zweifeln und Ihr langfristiges Ziel ins Wanken geraten ist.

Übung

Denken Sie einmal über Ihre langfristigen und kurzfristigen Ziele nach. Unterscheiden Sie zwischen Zielen, die das Studium betreffen und privaten Zielen.

	Studium	Privat
Langfristige Ziele		
Kurzfristige Ziele		

Methode: *Klare Lernziele formulieren*

In dem zuvor beschriebenen Fallbeispiel geht es um die Erreichung eines kurzfristigen Ziels: Katharina möchte eine Klausur bestehen und es bleibt ihr nicht mehr viel Zeit zum Lernen. Vielleicht haben Sie eine ähnliche Situation auch schon einmal in Ihrem Studium erlebt?

- Grenzen Sie das Thema ein. Zunächst ist es wichtig, einen klaren Lernbereich zu formulieren.
  - Was ist das Thema der Prüfung?
  - Welche Themengebiete sind außerdem relevant?
  - Welche Details sind besonders wichtig?
- Fertigen Sie eine MindMap an, um einen Überblick über Zusammenhänge und Unterthemen zu bekommen. Je genauer Sie Ihr Lernziel bestimmen, desto einfacher ist es, diesem auch in kurzer Zeit näherzukommen.

- Achten Sie bei der Zielformulierung darauf, dass es sich auch wirklich um ein tatsächliches Ziel handelt, und nicht um einen bloßen Wunsch oder eine Absichtserklärung, wie sie im Folgenden beschrieben werden.

  - **Wunsch**
    Sie wünschen sich im Lotto zu gewinnen, obwohl Sie wissen, dass die Wahrscheinlichkeit nur sehr gering ist und sie keinen Einfluss auf die Erfüllung des Wunsches haben, außer einen Lottoschein auszufüllen und auf Ihr Glück zu hoffen.

  - **Absichtserklärung**
    Sie nehmen sich beispielsweise in abstrakter Weise vor, dass Sie in diesem Jahr endlich mit dem Rauchen aufhören. In diesem Fall haben Sie zwar einen Einfluss auf die Erfüllung der Absichtserklärung, die Wahrscheinlichkeit, dass Sie Ihre Absicht in die Tat umsetzen ist jedoch gering, da die Rahmenbedingungen nicht klar formuliert sind.

  - Formulieren Sie stattdessen ein klares Ziel: Einen Vorsatz, wie »Ich will die Prüfung gut hinter mich bringen«, können Sie auch so formulieren: »Mein Ziel ist es, alle 10 Texte aus dem Seminar noch einmal zu lesen, sie im Laufe der nächsten 14 Tage zusammenzufassen und sie anschließend einem Freund vorzutragen.« Bei der zweiten Variante handelt es sich um eine klare Zielformulierung. Es wird eindeutig definiert, was Sie tun müssen, um das angestrebte Ziel zu erreichen. Die Erfolgswahrscheinlichkeit ist sehr viel höher als in dem vorangegangen Beispiel.

Sie können Ihre Ziele auch angelehnt an die SMART-Methode aus dem Projektmanagement formulieren:

Spezifisch	Formulieren Sie Ihrer Ziele so präzise wie möglich. Nehmen Sie sich nicht vor »Ich würde gern bald mehr über Entwicklungspsychologie wissen« oder »Es wäre schön, wenn mein Business English besser wäre«, sondern machen Sie sich die Mühe, und werden Sie viel spezifischer. Formulieren Sie Ihre Ziele beispielsweise so: »Ich werde mein Business English durch die Lektüre dieser Bücher verbessern: ...«

Messbar Stellen Sie einen Kriterienkatalog auf, der Ihre Lernziele messbar macht. Schreiben Sie unter keinen Umständen, dass Sie *irgendwann* ihr Wissen zu einem Thema erweitern wollen oder *gern* Chinesisch sprechen würden!
Schreiben Sie stattdessen: »Ich werde im kommenden Semester einen Chinesischkurs belegen und ein Grundwissen aufbauen«.
Machen Sie Ihre Ziele messbar, indem Sie genau festlegen was Sie wollen.

Angemessen Formulieren Sie Ihre Ziele so, dass sie auch durchgesetzt werden können.
Achten Sie darauf, sich nicht zu viel vorzunehmen, aber auch nicht zu wenig. Ein zu niedrig gesetztes Ziel ist ebenso wenig motivierend wie ein zu hohes. Machen Sie sich bewusst, ob Sie das, was Sie sich vorgenommen haben, wirklich brauchen. Sich in *allen* Bereichen Ihres Fachs auszukennen ist sicher ein hohes Ziel, aber ist es wirklich notwendig und brauchen Sie dieses Wissen überhaupt für Ihre Zukunft?

Realistisch Setzen Sie sich Ziele, die Sie realistischerweise auch erreichen können. Werden Sie aber dabei nicht zu verschwenderisch in der Zeitplanung. Natürlich braucht Lernen Zeit, aber hochgesteckte Ziele sorgen auch für Motivation.

Terminiert Setzen Sie sich ganz klare zeitliche Ziele, zum Beispiel eine Frist bis wann ein Text gelesen sein muss. Geben Sie einen ganz konkreten Termin vor, und halten Sie ihn beispielsweise folgendermaßen fest: »Essay bis Mittwochnachmittag fertig schreiben«.
Setzen Sie sich am besten auch Etappenziele. Das erhöht Ihre Motivation, denn diese sind schneller erreichbar: »Erstes Brainstorming für die Hausarbeit bis 12:00 Uhr«. So können Sie Ihre Fortschritte messen und sich auch über ihre kleinen Erfolge freuen.

Sind alle fünf Bedingungen erfüllt, ist ein Ziel und dessen Umsetzung »SMART«.

Diese Ziele sind zu unverbindlich	Diese Ziele können erreicht werden
Ich würde gern noch eine Sprache sprechen.	Morgen melde ich mich für einen Sprachkurs an und nehme mir täglich beim Frühstück eine viertel Stunde Zeit die Vokabeln zu wiederholen.
Ich müsste mal meinen Schreibtisch aufräumen.	Morgen nehme ich mir eine Stunde Zeit, um meine Unterlagen zu sortieren und abzuheften.
Ich sollte mehr für mein Soziologiestudium tun.	Ich werde in den nächsten Wochen bis Semesterende täglich eine halbe Stunde Zeit darauf verwenden, meine Notizen zu sortieren und abzutippen, und ich werde alles was ich nicht (mehr) verstehe nachschlagen und klären.
Ich versuche im nächsten Semester mehr zu lesen.	Ich lese mindestens einmal im Monat einen wissenschaftlichen Aufsatz für mein Nebenfach.
Ich würde gern später mal was im Bereich Entwicklungshilfe machen.	Ich werde mich am Samstag über das Zusatzstudium »Entwicklungszusammenarbeit« informieren und mich für nächstes Semester einschreiben.
…	…

Achten Sie bei der Formulierung Ihrer Umsetzungsvorschläge auf Folgendes:

- Formulieren Sie Ihre Ziele positiv. Vermeiden Sie Negationen. Nehmen Sie sich nicht vor »Ich will nicht durch die Prüfung fallen« sondern »Ich werde die Prüfung bestehen«. Wenn Sie verfolgen, was Sie *nicht* wollen, fokussieren Sie das negative Ziel. Da das Unterbewusstsein nur klare Anweisungen umsetzen kann, sind positiv formulierte Ziele besser zur konkreten Umsetzung geeignet. Halten Sie fest, was sie wollen, und vermeiden Sie Worte wie *nicht, nie, keinesfalls, nicht mehr, aufhören* etc.
- Vermeiden Sie den Konjunktiv und werden Sie konkret. Streichen Sie Wörter wie *würde, könnte, wäre* aus Ihrem Wortschatz und beginnen Sie statt dessen Ihre Ziele in der Gegenwart zu formulieren, als hätten Sie sie bereits erreicht oder mit der Umsetzung begonnen.
- Formulieren Sie Ihre Ziele in der Ich-Form, und bestätigen Sie sich so, dass *Sie* ein Ziel erreichen möchten. Eine persönliche Formulierung erhöht die Relevanz, die die Umsetzung für Sie hat.
- Überlegen Sie, welche positive Auswirkung die Erreichung des Ziels hat, denn positive Emotionen sind motivationsfördernd.

(Frei nach Seiwert 2006, S. 73)

Denken Sie auch an Ihre privaten Ziele!
Vergessen Sie neben den studienbezogenen oder zukünftigen beruflichen Zielen Ihre ganz privaten Wünsche nicht. Später erfahren Sie mehr darüber, wie Sie Ihre Zeit effizient managen können und dazu zählt auch Ihre freie Zeit. Der Sinn eines guten Zeitmanagements ist es nicht, mehr Lernstoff in einen geringeren Zeitraum zu zwängen, sondern vielmehr Ihre Lernzeit so einzuteilen, dass Sie auch für Ihre privaten Ziele mehr Zeit und Energie haben.

Methode: *Lerntagebuch*

Reflektieren Sie Seminarinhalte mit Hilfe eines Lerntagebuchs. Beim Schreiben eines Lerntagebuchs werden sowohl kognitive als auch metakognitive Lernstrategien gefördert. Vergegenwärtigen Sie sich nach einer Präsenzveranstaltung oder einer Lernphase die erarbeiteten Inhalte noch einmal.

- Formulieren Sie in eigenen Worten, was Sie gelernt haben, und beschreiben Sie Ihre Erfahrungen.
- Formulieren Sie Fragen zu den besprochenen Inhalten.
- Nehmen Sie zu Ihren Aussagen Stellung, begründen Sie Ihre Zustimmung oder Ablehnung, bringen Sie persönliche Erfahrungen in Ihre Argumentationen ein und entwickeln Sie neue Ideen oder Lösungsvorschläge zu Problemen.
- Beschreiben Sie, wie Sie beim Lernen vorgegangen sind und wie Sie mit der Vorgehensweise zurechtkamen.

Das Ziel des Lerntagebuchs ist es, funktionierende Lernstrategien zu identifizieren, um diese gezielt einsetzen zu können. Ebenso können Sie nicht funktionierende Vorgehensweisen erkennen und Alternativhandlungen finden.

Nutzen Sie folgende Fragen, um den Einstieg ins Schreiben zu erleichtern:

- Was habe ich heute Neues erfahren?
- An welche Inhalte erinnere ich mich?
- Was habe ich gut verstanden?
- Was habe ich nicht verstanden und was ist der Grund dafür?
- Wo muss ich inhaltlich weiterarbeiten? Wie kann ich das tun? Wo finde ich Informationen?
- Was kann ich das nächste Mal anders machen, wenn ich auf ein ähnliches Problem stoße?

- Was würde ich wieder genauso machen?
- Was will ich noch nachholen oder noch klären?
- Habe ich in Bezug auf mich selbst/auf meine soziale Kompetenz etc. etwas gelernt (zum Beispiel in einer Gruppenarbeit/beim Führen eines Interviews)?

3.3 Ressourcenbezogene Lernstrategien

Nicht nur kognitive und metakognitive Strategien sind für das Lernen wichtig, sondern auch das Management von inneren und äußeren Ressourcen trägt einen wesentlichen Teil zu Ihrem Lernerfolg bei. Jeder Mensch verfügt über unterschiedliche Ressourcen, die ihm dabei helfen, bestimmte Ziele zu erreichen. Dies können zum einen Aspekte des persönlichen Wissens und Könnens sein, oder aber Charakteristika der Umgebung.

Innere Ressourcen
Innere Ressourcen sind Bedingungen, die aufgrund Ihrer Persönlichkeitsstruktur und Ihres Verhaltens entstehen. Dazu zählen Aspekte, wie der persönliche Umgang mit Zeit, die eigene Motivation oder die körperliche Fitness. Diese Aspekte wirken sich direkt oder indirekt auf Ihre Lernprozesse aus und können das Lernen fördern oder auch behindern.

3.3.1 Motivation

Der Ausgangspunkt des erfolgreichen Lernens ist die Motivation. Der Begriff Motiv (movere, lat.: bewegen) bezeichnet einen Beweggrund, der zu einem bestimmten Handeln führt. Oder anders ausgedrückt: Das Ziel einer Handlung ist immer die Befriedigung eines Motivs. Wenn viele Motive auf einmal wirken, spricht man von Motivation.

Motive = einzelne Beweggründe
Motivation = Gesamtheit der in einer Situation wirkenden Motive

Um die Wirkungskraft von Motiven zu erklären, hat der amerikanische Psychologe Abraham Maslow eine Bedürfnispyramide aufgestellt, welche die Grundlage des E-R-G-Konzepts von Clayton Alderfer bildet.

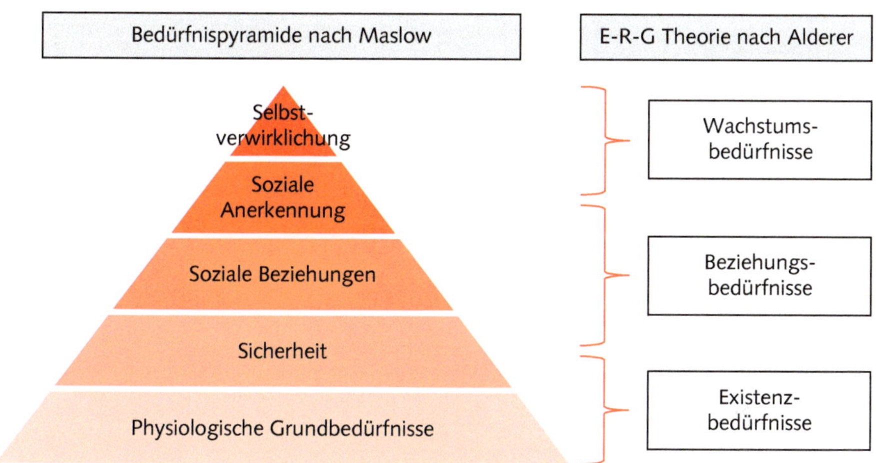

Abb. 4: Bedürfnistheorie nach Maslow (1943) und Alderfer (1972)

Die menschlichen Bedürfnisse sind in dem Modell von Maslow als Stufen dargestellt und bauen aufeinander auf. Erst wenn die unten liegende Bedürfnisstufe befriedigt ist, können Motive der nächst höheren Stufe bearbeitet werden. So ist die Befriedigung physiologischer Grundbedürfnisse, wie das Verlangen nach Nahrung, Schlaf oder Gesundheit, die Voraussetzung für das Streben nach der Erfüllung höher liegender Bedürfnisse. Erst auf der vierten und fünften Stufe werden Bedürfnisse nach Erfolg bzw. Anerkennung und Selbstverwirklichung verortet.

Clayton unterscheidet die drei Bedürfnisklassen: Existenzbedürfnisse (**E**xistence needs), Beziehungsbedürfnisse (**R**elatedness needs) und Wachstumsbedürfnisse (**G**rowth needs), kurz: E-R-G. Diese bauen ebenfalls aufeinander auf und enthalten die verschiedenen Stufen der Maslowschen Bedürfnispyramide.

In beiden Fällen handelt es sich um ein theoretisches Modell, welches sich nicht eins zu eins auf die Wirklichkeit übertragen lässt. Höhere Bedürfnisse können auch ohne eine ständige Befriedigung darunter liegender Bedürfnisse gestillt werden, allerdings hat dies einen Einfluss auf die Leistungsfähigkeit der Individuen. Ein Arbeitnehmer kann seine Arbeit trotz Schlafmangel verrichten, wird sie aber dementsprechend mit weniger Aufmerksamkeit durchführen.

Übung

Schauen Sie sich mit dem Wissen über die Maslowsche Bedürfnispyramide im Hinterkopf den Film *Cast Away* an. Der Film stellt dar, wie sich nicht befriedigte Bedürfnisse der verschiedenen Stufen im Extremfall auswirken können.

Grundsätzlich wird in der Psychologie zwischen *extrinsischer* und *intrinsischer* Motivation unterschieden.

Die **extrinsische Motivation** wird durch äußere Faktoren bestimmt, dies kann beispielsweise der Anreiz sein, eine gute Note zu erzielen. Auch das Vermeiden einer negativen Folge, zum Beispiel das Bestreben eine Prüfung zu bestehen, um diese nicht wiederholen zu müssen, wird als extrinsische Motivation bezeichnet.

Die **intrinsische Motivation** hingegen lässt sich auf innere Beweggründe und die Freude an einer Sache selbst zurückführen. Ein großes Interesse an einem Fachgebiet oder die Freude daran, ein mathematisches Problem zu lösen, sind Beispiele für ein intrinsisch motiviertes Handeln.

Appetenz-Aversions-Konflikt

Es kann auch zu Konflikten zwischen verschiedenen Motiven kommen. Wenn Sie beim Hinarbeiten auf die Verwirklichung eines (Lern-)Ziels beispielsweise unangenehme Nebeneffekte in Kauf nehmen müssen, so spricht man von einem Appetenz-Aversions-Konflikt. Ein solcher Konflikt entsteht zum Beispiel dann, wenn Sie die Einladung eines Freundes absagen müssen, um sich ausreichend auf eine Prüfung vorbereiten zu können. Ihr Freund wird enttäuscht sein, weil er sich schon lange auf den gemeinsamen Abend gefreut hat. Um die Enttäuschung des Freundes zu vermeiden, müssten Sie aber das Bestehen der Prüfung gefährden.

Appetenz-Appetenz-Konflikt

Zu einem Appetenz-Appetenz-Konflikt kommt es, wenn zwischen zwei positiven Zielzuständen gewählt werden muss, da nur einer zur gleichen Zeit erreicht werden kann. In Ihrem Studium kann sich ein solcher Konflikt beispielsweise ergeben, wenn Sie im kommenden Semester ein Auslandssemester geplant haben, Ihnen jedoch ausgerechnet für den gleichen Zeitraum die Möglichkeit für ein spannendes Praktikum angeboten wird.

Da Studierende ihr Fach selbst wählen, haben sie meist ein großes Interesse an den Studieninhalten und es liegt eine entsprechend hohe intrinsische Motivation vor. Es kann natürlich auch sein, dass Sie Ihr Studium aufgrund extrinsischer Motive gewählt haben, zum Beispiel um später viel Geld zu verdienen, und dann feststellen, dass Ihnen die Auseinandersetzung mit den Inhalten keinen Spaß macht. Intrinsische und extrinsische Motive schließen sich nicht aus, im besten Fall bestärken sie sich sogar gegenseitig. So kann das Ziel einen bestimmten Beruf auszuüben Ihre Motivation steigern und die Tatsache, dass Sie sich gerne zum Beispiel mit wirtschaftlichen Fragestellungen beschäftigen, dazu beitragen, dass Sie Ihren Berufswunsch schneller erreichen.

Übung

Schreiben Sie alle Gründe auf, die für Ihre Studienentscheidung sprechen. Prüfen Sie, ob es sich bei jedem einzelnen Grund um ein intrinsisches oder ein extrinsisches Motiv handelt.

Problem

Eigentlich kann Patrick sich für viele Themengebiete begeistern. Die Studieninhalte interessieren ihn und manchmal kann er sich so richtig in den Lernstoff hinein vertiefen. Oft fühlt er sich jedoch gänzlich unmotiviert. In drei Wochen muss er seine Hausarbeit abgeben, aber er hat einfach keine Lust sich an den Schreibtisch zu setzen. Selbst wenn er sich dazu überwindet, etwas zu lesen, schweifen seine Gedanken ständig ab und er kann sich nicht auf das Lernen konzentrieren. Wenn er wieder mehrere Stunden ohne Erfolg vor seinen Unterlagen gesessen hat, sinkt die Motivation noch weiter. Manchmal fragt er sich, ob er nicht doch besser ein anderes Fach studieren sollte oder gleich eine Ausbildung hätte beginnen sollen.
Obwohl Patricks Situation weder durch ein grundsätzlich mangelndes Interesse an seinem Studienfach, noch durch einen Motivationskonflikt geprägt ist, fühlt er sich immer wieder unmotiviert.

In jedem Studiengang gibt es Teilbereiche, bestimmte Themen oder spezielle Methoden, die einem mehr oder weniger liegen. Es gibt jedoch Methoden, die die Motivation aufrechterhalten oder erst wecken können.

Methode: *Belohnung*

Besonders im Studium erhalten Sie selten eine direkte Belohnung für Ihre Anstrengung. Belohnen Sie sich deshalb selbst! Niemand arbeitet gern dauerhaft hart, ohne dafür einen kleinen Lohn zu erhalten, deshalb belohnen Sie sich, wenn Sie ein kleines Etappenziel erreicht oder eine Hausarbeit beendet haben oder wenn Sie einfach nur den schwierigen Text, um den Sie sich am liebsten drücken wollten, gelesen haben. Gönnen Sie sich einen Cappuccino mit Freunden oder einen Abend im Kino.

Übung

Machen Sie sich eine Liste von Dingen, die Sie besonders gerne tun oder die Sie besonders mögen.

- Einen Spaziergang machen
- Musik hören
- Schokolade essen
- Shoppen gehen
- Sport treiben und richtig auspowern
- Etwas spielen
- Ein Bad nehmen
- Auf meinem Lieblingsinternetportal surfen etc.

...

Sie können die einzelnen Punkte der Liste auch noch in die Kategorien 1–3 einteilen (1= »das mag ich sehr gern«, 2= »das mag ich gern«, 3= »das mag ich«). Wählen Sie je nach erledigter Aufgabe eine passende Belohnung.

Zum Beispiel:
Für die Recherche relevanter Literatur bekomme ich eine Belohnung der Kategorie 3. Das vollständige Lesen eines schwierigen Textes ergibt eine Belohnung der Kategorie 1. Ihrer Kreativität sind dabei keine Grenzen gesetzt.

Methode: *Pausen einplanen*

- Achten Sie darauf, dass Sie Ihre Arbeit nicht bereits unter Stress und Zeitdruck beginnen. Nehmen Sie sich vor dem Lernen oder Schreiben die Zeit, in Ruhe etwas zu essen, oder trinken Sie morgens erst einmal eine Tasse Tee, bevor Sie den Computer einschalten.

- Gönnen Sie sich unbedingt Pausen, Auszeiten und Ruhephasen. Bestimmen Sie feste Pausen oder einen Zeitpunkt am Abend, zu dem Sie mit der Arbeit aufhören. Machen Sie eine ausgiebige Mittagspause. Nutzen Sie in dieser Zeit den Computer nicht, auch nicht für private Aktivitäten. Gehen Sie stattdessen spazieren oder legen Sie sich kurz hin.
- Vergessen Sie über dem Lernen nicht Ihr Privatleben. Ein erfülltes Privatleben motiviert, denn es bietet einen Ausgleich und macht wieder Lust auf (geistige) Anstrengung. Natürlich müssen Sie manchmal einen Zwischenspurt einlegen, zum Beispiel wenn Prüfungen anstehen und sich am Ende eines Semesters ballen, oder wenn Sie mehrere Hausarbeiten in einem kurzen Zeitraum erstellen müssen. Aber nehmen Sie sich auch Zeit für andere Dinge, um den Spaß am Lernen aufrechtzuerhalten. Nur so können Sie Ihre Batterien wieder aufladen.

Methode: *Perspektivenwechsel*

- Schreiben Sie auf eine DIN-A4-Seite all das, was Sie daran hindert mit der Arbeit zu beginnen.
  - Warum fühlen Sie sich nicht motiviert?
  - Worauf genau haben Sie keine Lust?
  - Was befürchten Sie, wenn Sie mit der Arbeit beginnen?
- Wechseln Sie nun die Perspektive und schreiben Sie ebenfalls auf einer DIN-A4-Seite auf, was passieren muss, damit Sie sich motiviert fühlen und mit der Arbeit beginnen.
  - Was an der vor Ihnen liegenden Arbeit würde Ihnen Spaß machen?
  - Worauf haben Sie besonders Lust?
  - Was könnte im besten Fall passieren, wenn Sie mit der Arbeit beginnen?

Sie werden sich wundern wie viele positive Punkte Ihnen einfallen. Durch das Aufschreiben werden Ihnen diese Punkte bewusst und sie können nicht länger von Ihren motivationshemmenden Gedanken verdrängt werden.

3.3.2 Persönliches Zeitmanagement

Zeit ist Ihre wichtigste persönliche Ressource, mit der Sie sorgfältig umgehen sollten.

Zeitmanagement ist für viele Studierende eine Herausforderung. Ein gutes Zeitmanagement kann Ihnen Ihre Arbeit jedoch sehr erleichtern und sogar zu mehr

Freizeit verhelfen. Durch ein schlechtes Zeitmanagement leidet auch Ihre Freizeit, da Sie sich mit vielen unerledigten Dingen im Hinterkopf kaum entspannen können.

Problem

Jonas geht beim Arbeiten eher unstrukturiert vor. Meistens hat er eine grobe Vorstellung davon, was er erreichen möchte, zum Beispiel eine Hausarbeit zum Thema XY schreiben. Meistens macht er alles gleichzeitig, recherchiert, liest Texte, fasst etwas zusammen oder formuliert einen Textbaustein. Oft weiß er nicht, an welcher Stelle er weitermachen soll, oder unvorhergesehene Ereignisse erschweren ihm die Arbeit. Dann stellt er beispielsweise zwei Tage vor dem Abgabetermin fest, dass er dringend ein Buch benötigt, welches nur über die Fernleihe zu erreichen ist. Am Ende ist die Zeit meistens so knapp, dass er seine Arbeit nicht zu seiner vollsten Zufriedenheit fertigstellen kann. Jedes Mal ärgert er sich dann über sein unzureichendes Zeitmanagement.

Methode: *Tagesplan*

- Halten Sie Ihren Tagesablauf fest. Notieren Sie dazu an mehreren Tagen stündlich was Sie genau getan haben. Schreiben Sie wirklich alles auf, auch Dinge, die Ihnen unwichtig erscheinen! Sie werden überrascht sein, womit Sie Ihre Zeit im Detail verbringen.
- Bilden Sie Kategorien und rechnen Sie die Zeit, die Sie für eine Kategorie aufgewendet haben, zusammen. Prüfen Sie, ob Sie mit Ihren Ergebnissen zufrieden sind. Gibt es Dinge, für die Sie zu viel Zeit verwenden? Oder andere Tätigkeiten, die zu kurz kommen?
- Seien Sie ehrlich zu sich selbst und beschönigen Sie Ihren Tagesablauf nicht, sonst können Sie Ihr Zeitmanagement nicht nachhaltig verbessern!
- Erstellen Sie einen Plan für die kommenden Tage, in den Sie alles eintragen, was Sie erarbeiten möchten.
- Legen Sie für jede Tätigkeit einen Zeitraum fest.

Ihr Zeitplan könnte beispielsweise folgendermaßen aussehen:

08:00 – 09:30	Text A lesen und ein Exzerpt dazu schreiben.
09:30 – 10:00	Pause: frische Luft, Kaffee …
10:00 – 10:30	Emails lesen
10:30 – 12:00	Struktur für die nächste Lerneinheit aufstellen, Mind-Map zum Thema zeichnen
12:00 – 13:00	Pause, nicht vor dem Bildschirm!
13:00 – 15:00	…..
17:00	Nehmen Sie sich nun noch die Zeit Ihren Fortschritt zu kontrollieren: Haben Sie alles erreicht? Was müssen Sie auf morgen verschieben? Nehmen Sie sich anschließend auch für andere Dinge Zeit.

Beachten Sie bei Ihrer Tagesplanung die folgenden Grundsätze:

Konzentrieren Sie sich nur auf das Wichtigste

Sicher kennen Sie das: Sie arbeiten zu einem Thema, das Sie selbst gewählt haben und im Grunde auch interessant finden, und Sie müssten eigentlich schnell fertig werden, weil die Hausarbeit bald abgegeben werden muss oder eine mündliche Prüfung ansteht. Dann entdecken Sie aber hier etwas Interessantes, das Sie weiter lesen möchten, oder Sie finden da ein Thema, das Sie schon immer spannend fanden. Vorsicht: Konzentrieren Sie sich aufs Wesentliche, sonst erreichen Sie ihr Ziel nicht! Behalten Sie ganz klar vor Augen, was Sie wollen, auch wenn dies nicht immer leicht ist.

Lassen Sie Nebensächliches beiseite, Sie können nicht alles wissen

Sie müssen nicht alles wissen und können nicht überall Spezialist sein. Das **Pareto-Prinzip**, welches auch als die 80/20-Regel bekannt ist, besagt, dass Sie in 20 Prozent der Zeit 80 Prozent eines Ergebnisses erzielen können. Für den Feinschliff benötigen Sie häufig wesentlich mehr Zeit, nämlich die übrigen 80 Prozent. Konzentrieren Sie sich auf das Wichtige und verschwenden Sie Ihre Zeit nicht mit unnötigen Kleinigkeiten.

Methode: *Wochenplan*

- Planen Sie nicht nur Ihren einzelnen Arbeitstag, sondern erstellen Sie auch einen Wochenplan.
- Wie viel können Sie in einer Woche leisten? Achten Sie nicht nur auf ihre Pflichtseminare, sondern bedenken Sie auch die Zeiten für die Vor- und Nachbereitung. Planen Sie jeweils mindestens eine Stunde für die Vor- und eine Stunde für die Nachbereitung der Veranstaltungen ein.
- Merken Sie sich feste Zeiten zum Lesen von Texten, zum Bearbeiten von Emails u. ä. vor.
- Besuchen Sie fächerübergreifende Veranstaltungen und ergänzen Sie so Ihr Fachstudium.
- Planen Sie Zeiten für Ihren Nebenjob ein.
- Reservieren Sie auch genügend Zeit für Ihre Hobbies, Familie und Freunde.

Methode: *Semesterplan*

- Denken Sie langfristig und schreiben Sie schon einmal Ihre Ziele für das gesamte Semester oder auch für die nächsten Semester auf. Pinnen Sie sich diese Ziele am besten an die Wand über Ihrem Schreibtisch. So behalten Sie im Blick, auf was es Ihnen eigentlich ankommt und worauf Sie hinarbeiten. Besonders geeignet ist eine Art Zahlenstrahl oder ein Wandkalender über das gesamte Jahr, in welchen Sie in groben Zügen eintragen, wann Sie was erreichen möchten.
- Notieren Sie bereits bekannte Prüfungstermine. Wann halten Sie ein Referat? In welchem Zeitraum möchten Sie sich darauf vorbereiten?
- Planen Sie auch ausreichend Pufferzeiten ein.
- Vergessen Sie private Zeiten nicht und planen Sie Ihre Urlaubszeiten. Nehmen Sie sich nicht vor im Urlaub zu lernen, der Urlaub dient allein Ihrer Entspannung.
- Werten Sie das Semester aus, um Erfahrungen bei der nächsten Planung zu berücksichten.
  - Welche Lernziele haben Sie im letzten Semester erreicht?
  - Was haben Sie geschafft und *wie* sind Sie es angegangen?
  - Was ist Ihnen nicht gelungen und weshalb?

Methode: *Die ALPEN-Methode*

Nutzen Sie die aus dem Zeitmanagement stammende ALPEN-Methode.

Aufgaben notieren

- Schreiben Sie alle Dinge auf, die Sie an einem Tag erledigen wollen. Indem Sie Ihre Ziele schriftlich festhalten, werden Sie greifbar und können nicht mehr in Vergessenheit geraten.
- Notieren Sie auch kleinere Aufgaben genau, um einen realistischen Überblick über Ihre Arbeitsbelastung zu erhalten.
- Formulieren Sie Ihre Aufgaben dabei nicht vage, wie zum Beispiel »Lerngruppe«, sondern notieren Sie Ihre Aufgaben immer im Hinblick auf ein Ziel, das Sie erreichen wollen, beispielsweise »10:00 – 12:00 Diskussion des Textes XY und Ausarbeitung der Hauptthesen«.
- Überlegen Sie sich, wo Sie Ihre Aufgaben notieren und Ihre Zeiten planen möchten: Nutzen Sie ein Blatt Papier, einen Terminplaner oder einen elektronischen Organizer? Egal für welches Medium Sie sich entscheiden, verwenden Sie jedoch nur eines, sonst verlieren Sie schnell die Kontrolle über Ihre Pläne.

Länge einschätzen

- Schätzen Sie ein, wie viel Zeit jede Aufgabe in Anspruch nehmen wird. Seien Sie dabei nicht zu verschwenderisch, aber bleiben Sie auch realistisch und planen Sie nicht zu wenig Zeit ein.

Pufferzeiten einplanen

- Pufferzeiten sind enorm wichtig, denn Ihnen kann immer etwas Unvorhergesehenes dazwischenkommen. Planen Sie für eine Aufgabe immer die doppelte Zeit ein. Für den Fall, dass nichts Unvorhergesehenes eintritt, freuen Sie sich einfach über die gewonnene Zeit und nutzen Sie sie ganz nach Belieben.

Entscheidungen fällen

- Entscheiden Sie sich für die wichtigen und relevanten Dinge. Schauen Sie Ihre Aufgaben unter diesem Kriterium noch einmal durch und streichen Sie Überflüssiges.

Nachkontrolle

- Nehmen Sie sich am Ende eines Tages die Zeit Ihre Ziele zu kontrollieren.
  - Welche Aufgaben habe ich heute erledigt?
  - Habe ich die gesetzten Prioritäten erreicht?
  - An welches Ziel hat mich das herangebracht?
  - Was ist mir heute gut gelungen?
  - Was kann ich morgen besser machen?
- Übertragen Sie Liegengebliebenes auf den nächsten Tag oder streichen Sie es, wenn es sich doch als irrelevant herausgestellt hat.

Methode: *Prioritäten setzen*

Es ist nicht immer einfach einzuschätzen, welcher Aufgabe nun eine höhere Priorität einzuräumen ist. Verschaffen Sie sich mit Hilfe des Eisenhower-Prinzips einen Überblick.

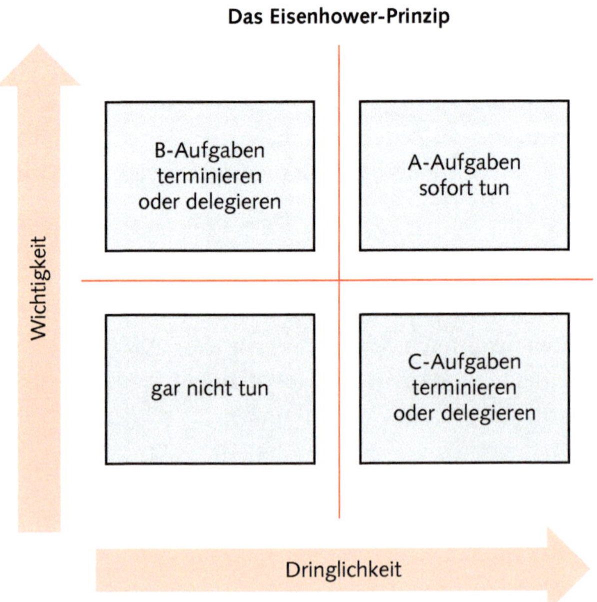

Abb. 5: Das Eisenhower-Prinzip

- Im Kern geht es beim Eisenhower-Prinzip um die Unterscheidung zwischen *Wichtigkeit* und *Dringlichkeit*.
- Kennzeichnen Sie alle anstehenden Aufgaben mit einem A, wenn Sie dringend und wichtig sind. Solche Aufgaben müssen in der Regel sofort erledigt werden, da es sonst negative Konsequenzen für Sie haben kann.
- B-Aufgaben sind zwar wichtig, aber nicht dringlich. Diese Aufgaben können Sie zu einem späteren Zeitpunkt erledigen oder auch an andere Personen abgeben.
- C-Aufgaben schließlich sind dringlich, aber nicht wichtig. Auch diese Aufgaben können Sie terminieren oder, noch besser, an andere delegieren.
- Alle Aufgaben, die weder wichtig noch dringlich sind, können Sie ganz von Ihrem Plan streichen. Entweder Sie tauchen zu einem anderen Zeitpunkt erneut auf Ihrer Liste auf oder aber sie waren wirklich nicht von Bedeutung.

Übung

Notieren Sie alle Aufgaben, die Sie in der kommenden Woche erledigen wollen. Ordnen Sie diese nach dem Eisenhower-Prinzip. Am besten Nutzen Sie dazu eine Matrix, wie im Schaubild. Anhand der Zuordnung können Sie entscheiden, welche Aufgaben Sie am Anfang der Woche in Angriff nehmen.

Methode: *Die Salamitaktik*

- Nähern Sie sich Ihrem Ziel Schritt für Schritt. Wie eine Salami zerkleinern Sie das Ziel in viele kleine Scheibchen, die Sie dann nach und nach abarbeiten.
- Schreiben Sie Ihr Ziel auf.
- Zerlegen Sie es in viele Teilziele und einzelne Aufgaben.
- Sortieren Sie diese dann nach Wichtigkeit, legen Sie fest, welche Aufgaben zu welchen Terminen erfüllt sein müssen.
- Blicken Sie nicht weiter als auf das nächste Scheibchen, so bleibt ihre Arbeit immer überschaubar und Sie vermeiden den Druck des Endziels.
- Durch das kleinschrittige Vorgehen bleiben Sie flexibel und können auf Unvorhergesehenes sofort reagieren.
- Seien Sie stolz auf kleine Teilerfolge. Belohnen Sie sich dafür.

Übung

Bleiben Sie flexibel

Pläne können in den seltensten Fällen von Anfang bis Ende durchgehalten werden. Lassen Sie sich davon nicht frustrieren! Pläne sollen eine Orientierung bieten, damit Sie Ihre Tätigkeiten daran ausrichten können. Aber Pläne können auch verändert oder ganz neu aufgesetzt werden, wenn die Umstände es erfordern.
Wenn Sie Ihren Plan nicht einhalten können, überprüfen Sie, was die Gründe dafür sind. So können Sie bei der nächsten Planung diese Erfahrungen mit einbeziehen.

- Haben Sie sich zu viel vorgenommen?
- An welchem Punkt konnten Sie Ihren Plan nicht mehr einhalten?
- Gab es externe Gründe oder Störungen, die Ihren Plan beeinflusst haben? Sind Sie zum Beispiel krank geworden oder hat der Dozent, bei dem Sie Ihre Abschlussarbeit schreiben wollten, unerwartet die Universität verlassen?

Literaturtipp

Seiwert, Lothar (2009): Noch mehr Zeit für das Wesentliche. Zeitmanagement neu entdecken. München: Goldmann

Äußere Ressourcen

Eine Vielzahl äußerer Faktoren, wie zum Beispiel ein unaufgeräumter Arbeitsplatz oder störender Lärm aus der Nachbarschaft, beeinflusst Ihr Lernen.

Problem

Es ist jedes Mal das Gleiche: Wenn Jonas mit dem Lernen beginnen will, muss er zuerst einmal mehrere Stunden lang seine Unterlagen zusammensuchen. Diese sind meistens unvollständig, gar nicht vorhanden oder irgendwo verschwunden. Mal hat er in einer Vorlesung etwas auf einem Zettel mitgeschrieben oder sich einen interessanten Gedanken einfach auf einem alten Briefumschlag notiert. Hin und wieder beginnt er damit, ein Notizheft zu führen, was er jedoch ständig zu Hause vergisst, sodass nur wenige Informationen darin notiert sind.

3.3.3 Ordnung

Im Laufe eines Semesters häufen sich eine Menge von Unterlagen: Kopien, Mitschriften, Texte, Handouts, Protokolle, Exzerpte etc.

- Vermeiden Sie Sammlungen von ungeordneten und losen Papieren.
- Beginnen Sie stattdessen rechtzeitig damit, Ihre Unterlagen abzuheften!
- Legen Sie sich Ordner an, in denen Sie die Unterlagen einer Veranstaltung sammeln. Auch Texte, die Sie dafür gelesen haben oder Exzerpte, die Sie verfasst haben, sollten hier einen Platz finden.
- Heften Sie nach einer Veranstaltung die jeweiligen Mitschriften, Ausdrucke und sonstige dazugehörige Materialien sorgfältig ab.

Problem

Patrick wohnt in einer kleinen 1-Zimmer-Wohnung. Sein Schreibtisch steht direkt neben dem Bett, Bücher liegen überall verteilt, zum Teil stapeln sich Unterlagen unter seinem Bett und den Schreibtischstuhl nutzt er gleichzeitig als Kleiderständer. Die Wohnung ist ziemlich dunkel, aber Patrick hat nur eine Deckenlampe, die relativ wenig Licht spendet. In seinem Zimmer schläft und isst er, hört Musik, trifft sich mit Freunden oder versucht zu lernen. Am Schreibtisch sitzt er allerdings nicht gerne, da der Stuhl unbequem und meistens mit Kleidern behängt ist. Patrick legt sich dann lieber aufs Bett und lernt dort. Manchmal wird er dann jedoch müde und schläft beim Arbeiten ein.

- Legen Sie Arbeitsmaterialien so bereit, dass Sie diese finden und darauf zugreifen können.
- Nutzen Sie zur Ablage beispielsweise Ordnungssysteme, wie verschiedenfarbige Ablagekörbe, die nach Themen geordnet sind, oder unterschiedliche Ordner. Finden Sie auch für Ihre Ordner, Karteikästen etc. einen festen Ort, an dem Sie diese platzieren und so schnell darauf zugreifen können.
- Achten Sie darauf Ihre Unterlagen nach der Arbeit immer abzulegen, sodass Sie Ihre Lernumgebung im Griff behalten.

Methode: *Ablegen mit Prinzip*

- Benennen Sie Dokumente auf dem Computer nach einem sinnvollen und einheitlichen Prinzip. Zum Beispiel: »Name_Jahr_Titel« und notieren Sie bei eigenen Dateien und Textversionen ein Datum dazu, wann Sie den Text zuletzt bear-

beitet haben »Textname_04.02.2013«. Überlegen Sie sich, ob Sie die Dateien nach ihren Namen oder dem Erstellungsdatum sortieren möchten. Bei der zweiten Variante sollte das Datum am Anfang der Bezeichnung und in umgekehrter Reihenfolge aufgeführt werden: »130204_Textname« (JJMMTT_Textname). So werden die Dokumente automatisch nach ihrer Aktualität sortiert.
- Verwenden Sie Farbcodes. Markieren Sie Ihre Arbeiten zum Beispiel nach dem Ampelprinzip: Kleben Sie rote Aufkleber auf Dringliches, gelbe Aufkleber auf Dokumente, für die Sie sich noch einige Tage Zeit lassen können, und grüne auf Dinge, die Sie erst einmal liegen lassen können.
- Legen Sie am Ende eines Lern- oder Arbeitstages alle Unterlagen wieder an Ihren Platz zurück. Der aufgeräumte Schreibtisch wird es Ihnen am nächsten Tag erleichtern, wieder mit der Arbeit zu beginnen. Das heißt jedoch nicht, dass Ihr Schreibtisch keine persönliche Note haben sollte! Eine schöne Arbeitsumgebung kann Sie durchaus motivieren sich an Ihrem Arbeitsplatz aufzuhalten.

Methode: *Karteikartensystem*

- Schreiben Sie ganz nach Belieben entweder zu jedem gelesenen Text oder auch zu Vorträgen, Vorlesungen und Seminaren bedeutende Inhalte auf Zettel oder Karteikarten. Das können Ihre Gedanken, Verbindungen, Erkenntnisse, wichtige Themen, Kritikpunkte oder auch wichtige Textstellen sein, an die Sie sich erinnern möchten.
- Vergessen Sie bei gelesenen Texten nicht die bibliographischen Angaben und evtl. auch die Standnummer in der Bibliothek aufzuschreiben, damit Sie den Text leicht wiederfinden. Diese Zettel können Sie nun nach Themen sortieren und sich eine Kartei einrichten, auf die Sie bei Bedarf immer wieder zurückgreifen können.
- Verwenden Sie dabei größere Leitkarten (beispielsweise in unterschiedlichen Farben), um den Überblick über Ihre Hauptkarteikarten zu erleichtern.
- Bedenken Sie bei der Aufstellung der Kartei alle Teilgebiete, sodass sie zu Beginn ein umfangreiches Grundgerüst erstellen können, in welches Sie im Laufe der Zeit neue Karten problemlos einordnen können.
- Beschriften Sie die Karten nur auf einer Seite, so bleiben Ihre Notizen übersichtlich. Symbole oder Zeichen können die Übersicht zusätzlich erleichtern.

- Verwenden Sie für die Dokumentation einer Seminarsitzung immer eine Karte. Vergessen Sie in diesem Fall nicht das Datum, den Titel der Veranstaltung und Quellenangaben zu notieren.
- Schreiben Sie Ihre Gedanken und Fragen zu den behandelten Themen möglichst in ganzen Sätzen auf, bei Stichpunkten ist die Gefahr groß, dass Sie vergessen, was damit gemeint war.
- Fassen Sie die Inhalte in eigenen Worten zusammen, um sicherzugehen, dass Sie alles verstanden haben.

Karteikarten

... bieten eine gute Übersicht über einzelne Teilgebiete.
... können leicht geändert oder ergänzt werden.
... können auf verschiedene Weisen immer wieder neu zusammengestellt werden. Dadurch können Sie den Lernstoff thematisch sortieren und müssen ihn nicht linear durcharbeiten, wie zum Beispiel ein Buch.
... sind handlich und dienen als praktische Lernhilfe für unterwegs.
... müssen sorgfältig beschriftet und nummeriert, und am besten zusätzlich farblich sortiert werden, damit sie nicht durcheinandergeraten.

Gegenüber analogen Karteikarten bietet sich der Computer als ein hilfreiches und platzsparendes Mittel der Archivierung an. Sie können beispielsweise Ihren virtuellen Zettelkasten wie ein Wiki führen, in das Sie angefertigte Exzerpte, gescannte Texte, Präsentationen etc. anfügen (siehe auch *Wiki,* Teil IV).

Methode: *Notizbuch*

- Besorgen Sie sich ein Notizbuch mit festem Einband. So werden Sie gar nicht erst dazu verleitet, Ihre Ideen auf verschiedenen Zetteln festzuhalten.
- Das Notizbuch sollten Sie ganz aufschlagen können, damit Ihre Schrift auch an den Innenseiten lesbar bleibt und Sie das Buch in Veranstaltungen offen vor sich liegen lassen können. Ein Buch, welches ständig von allein zuklappt, während Sie versuchen die Notizen daraus in einen Text am Computer zu übertragen, ist unpraktisch und wird Ihnen sicher die Lust an der Arbeit verderben.
- Ihr Buch sollte darüber hinaus stabil und nicht zu groß sein, sodass Sie es gut mitnehmen können, auch wenn Sie ohne einen Rucksack unterwegs sind.

3.3.4 Lernumgebung

Auch Ihre äußere Umgebung, beispielsweise Ihr Schreibtisch, kann zu einem erfolgreichen Lernprozess beitragen. Gestalten Sie Ihre Lernumgebung so, dass Sie möglichst gut und ungestört arbeiten können und von nichts abgelenkt werden.

- Achten Sie darauf, dass Ihr Schreibtisch nicht in einer dunklen Ecke und zur Wand ausgerichtet steht, sondern richten Sie ihn beispielsweise zum Zimmer hin oder seitlich zum Fenster aus. Wenn Sie am Computer arbeiten, verhindert dies sowohl Reflektionen als auch zu viel Schatten auf Ihrem Bildschirm und es ermöglicht Ihnen auch einmal in die Ferne zu schauen und Ihre Augen zu entlasten.
- Sitzen Sie nicht zu nah am Bildschirm, sondern halten Sie einen Abstand von mindestens 50 cm ein.
- Entlasten Sie Ihre Augen und Ihren Rücken durch regelmäßige Pausen.
- Stellen Sie die Höhe Ihres Schreibtischstuhls so ein, dass Ihre Ellenbogen und Knie im rechten Winkel sind. Ihre Füße stehen fest auf dem Boden und Ihr Blick ist geradeaus (nicht leicht nach unten) gerichtet.

Methode: *Störungen vermeiden*

- Sorgen Sie für Ruhe an Ihrem Arbeitsplatz, sodass Sie nicht abgelenkt werden. Falls es Sie stört, bitten Sie Ihre Mitbewohner beispielsweise die Musik etwas leiser zu stellen.
- Vermeiden Sie Störungen durch andere Personen. Kündigen Sie Anrufern an, dass Sie in der nächsten Zeit morgens nicht per Handy erreichbar sein werden, und erklären Sie Ihren Lernort zur Handy- und Chatfreien Zone. Hängen Sie ein Schild an Ihre Zimmertür, dass Sie gerade nicht gestört werden möchten.
- Eliminieren Sie Ihre »Tolerations«. Dabei handelt es sich um Kleinigkeiten im Alltag, die Sie zwar ständig nerven, aber nicht so sehr stören, dass Sie sie ändern. Dies können Dinge sein, wie eine defekte Glühlampe, ein vollgestopftes Bücherregal, ein quietschendes Fahrrad etc. Diese Dinge behindern Sie zwar nicht direkt, aber sie ziehen doch immer wieder einen Teil ihrer Aufmerksamkeit auf sich oder Sie nehmen kleine Unannehmlichkeiten in Kauf, um den Tolerations auszuweichen. Dies kann beispielsweise dazu führen, dass Sie in die Küche gehen, wenn es Ihnen an Ihrem Lernplatz zu dunkel wird und Sie mehr Licht brauchen, anstatt einfach einmal die Glühlampe an ihrer Schreibtischleuchte auszutauschen. Jedes Mal, wenn Sie sich mit einer dieser Kleinigkeiten befassen,

verwenden Sie darauf einen Teil Ihrer Energie, die Sie eigentlich besser nutzen könnten.
Kommen Sie daher Ihren Tolerations auf die Spur und versuchen Sie nach und nach Lösungen für all die nervigen Kleinigkeiten im Alltag zu finden.

Übung

Schreiben Sie mindestens drei Dinge auf, die Sie täglich oder regelmäßig tolerieren.

Meine Tolerations:

1 ____

2 ____

3 ____

Überlegen Sie welche zwei Punkte Sie in der kommenden Woche lösen wollen und wie Sie das tun können.

3.4 Troubleshooting: Strategien, wenn das Lernen nicht gelingt

Sie haben bereits verschiedene Lösungsansätze kennengelernt, mit denen Sie den Herausforderungen begegnen können, die Ihr Studium an Sie stellt. Orientierungs- und Lernschwierigkeiten sollten Sie jedoch nicht als persönliche Schwächen verstehen. Im Gegenteil: Es ist ganz normal, wenn Sie nicht mit allen Anforderungen auf Anhieb zurechtkommen. Auch wenn wir uns bemüht haben verschiedene Strategien für Sie zusammen zu stellen, die Ihnen beim erfolgreichen Lernen behilflich sein können, findet sich nicht auf jedes Lernproblem in diesem Buch sofort eine Lösung. Oder Sie finden einfach allein keinen Weg, wie Sie Ihre Lernschwierigkeiten oder -ängste beheben können. Deshalb gibt es an allen Universitäten psychologische Beratungsstellen, die Ihnen bei Problemen im Studium oder auch im Lebensalltag zur Seite stehen.

Info

Psychologische Beratungsstellen an der Universität

Bundesweit bieten 42 Studentenwerke psychologische Beratung für Studierende an. Eine Übersicht über alle Studentenwerke finden Sie unter: *studentenwerke.de*. Die Beratung ist in der Regel für alle Studierenden kostenlos. Sie brauchen sich nicht zu schämen, wenn Sie die professionelle Beratung wahrnehmen. In der 19. Sozialerhebung des Deutschen Studentenwerks (2009) gaben 61 Prozent der Erstsemesterstudierenden einen Beratungs- und Informationsbedarf an und 35 Prozent der Studierenden haben im studien- und leistungsbezogenen Bereich Probleme.
Diese Stellen können zwar auch Studierenden mit schweren Neurosen oder Psychosen dabei helfen eine Therapie zu finden und akute Notlagen durchzustehen, aber ihr ›eigentliches‹ Feld sind Menschen mit Prüfungsangst, Aufschieberitis, Problemen mit dem Zeitmanagement etc.

Link

Die Internetseite *Studis-online* richtet sich an Schüler und Studierende aller Fachbereiche und informiert umfassend über vielfältige Themen rund um das Studium. Auch das Thema Lernschwierigkeiten und Prüfungsangst werden aufgegriffen und wertvolle Lerntipps bereitgestellt.

studis-online.de

3.4.1 Mit Procrastination umgehen

Da unter Studierenden das stetige Aufschieben von studienrelevanten Tätigkeiten ein weitverbreitetes Phänomen ist, soll dieses hier noch einmal genauer betrachtet werden. In der Psychologie wird dieses Verhalten mit dem Fachbegriff *Procrastination* (*pro* lat.: für; *cras* lat.: morgen) bezeichnet.

Problem

Der Abgabetermin für die Hausarbeit ist in drei Wochen und eigentlich wollte Simon schon längst mit der Literaturrecherche begonnen haben. Dennoch hat er gestern ebenso wenig gelernt und geschrieben, wie in den vergangenen Tagen, obwohl er bereits seinen Arbeitsplatz hergerichtet, die Bleistifte gespitzt und das Zimmer in einen ordentlichen Zustand gebracht hat. Heute ist er besonders früh aufgestanden, um viel zu schaffen. Direkt nach dem Frühstück setzt er sich an den Computer und

→

← Problem

besucht erst einmal mehrere Social-Network-Plattformen im Internet, dabei stößt er auf einige interessanten Neuigkeiten, die er sogleich anderen Freunden mitteilen muss. Schließlich schaut er noch den Online-Wetterbericht und liest die wichtigsten Nachrichten im Online-Portal der Zeitung. Als er auf die Uhr schaut, ist es bereits halb 12 Uhr. Da er schon etwas Hunger hat und mit leerem Magen nicht gut arbeiten kann, beschließt Simon sich erst einmal etwas zu kochen, um dann gut gestärkt mit dem Lernen beginnen zu können So verstreichen die Stunden und am Abend ist Simon frustriert, weil er wieder nichts für die Uni gemacht hat.

Aufschieben ist nicht grundsätzlich ein Problem, im Fall von Simon handelt es sich jedoch um eine pathologische Form des Aufschiebens. Von einer krankhaften Neigung zum Aufschieben spricht man, wenn eine Person nicht in der Lage ist, den eigenen Arbeitsprozess oder die Bearbeitung von Aufgaben selbst zu regulieren, und der Arbeitsalltag dadurch beeinträchtigt wird. Das ständige Aufschieben wird von typischen Gedanken begleitet:

- Heute bin ich einfach nicht in der richtigen Stimmung, um konzentriert zu arbeiten.
- Morgen fange ich mit dem Lernen an.
- Bevor ich anfange, muss ich noch dieses oder jenes erledigen, damit ich dann den Kopf frei habe.
- Gerade ist es zu anstrengend mit dem Lernen anzufangen.
- Ich weiß nicht, wo ich anfangen soll.
- Bis zum Abgabetermin bzw. Prüfungstag ist ja eigentlich noch genug Zeit.
- Ich brauche einen gewissen Druck um produktiv zu arbeiten.
- Heute habe ich einfach keine Lust.
- Es gibt so viele andere interessante Themen, mit denen ich mich schon immer mal beschäftigen wollte.
- Bevor ich anfange, entspanne ich mich nochmal kurz.

Das Aufschieben von Aufgaben führt zu einem immer größeren Druck und die Angst vor dem Versagen wächst. Durch Verzögerungstaktiken und Ablenkungen versuchen Betroffene dem Gefühl der Überforderung zu entfliehen und geraten dadurch immer weiter in den Teufelskreis des Aufschiebens. Schließlich können sie auch ihre Freizeit nicht mehr genießen, da sie ständig an die unerledigten Aufgaben denken und ein schlechtes Gewissen und Schuldgefühle haben.

In der Wissenschaft werden zwei Typen des Aufschiebeverhaltens unterschieden:

Der Erregungsaufschieber: Personen, die mit dieser Form des Aufschiebeverhaltens zu kämpfen haben, sind der Meinung, dass sie erst kurz vor dem Ende einer Frist effektiv arbeiten können. Gedanken wie »Ich brauche den Druck« sind für sie typisch. Häufig tritt das prognostizierte Verhalten ein und das Lernen, welches vorher einfach nicht funktionieren wollte, gelingt plötzlich problemlos. Die Person sieht sich in ihrer Annahme bestätigt und geht weiterhin davon aus, dass ein anderes Lernverhalten für sie nicht in Frage kommt.

Diesen Prozess, durch den eine Person ihr Unbewusstes trainiert, an etwas zu glauben, bezeichnen Psychologen als *Autosuggestion.* Wenn Sie sich selbst immer wieder sagen »Ich kann nicht mehrere Wochen vor der Prüfung mit dem Lernen beginnen«, wird diese Vorstellung in Ihren unbewussten Denkmustern verankert. Im Unterbewusstsein werden dadurch genau die Prozesse aktiviert, die dafür sorgen, dass Sie sich nicht konzentrieren können und Ihnen nichts einfällt.

Der Vermeidungsaufschieber: Eine andere Form des Aufschiebens ist die Vermeidung von Unangenehmem oder das Umgehen von Aufgaben, die für einen selbst oder das Umfeld minderwertig, uninteressant oder unwichtig erscheinen. Beim Vermeidungsaufschieben handelt es sich um eine Taktik, bei der das Scheitern externen Faktoren zugeschrieben wird, anstatt den eigenen mangelnden Lernfähigkeiten. Ein Vermeidungsaufschieber argumentiert damit, dass er zu wenig Zeit hatte, andere Dinge wichtiger waren oder er durch andere äußere Umstände daran gehindert wurde, seine Aufgaben zu erfüllen.

Ursachen des Aufschiebens:
Die Gründe für Procrastination können vielfältig sein. So kann u. a. ein ausgeprägter Perfektionismus, Angst vor Misserfolg, unzureichende Planung, Fehleinschätzung der eigenen Leistungsfähigkeit oder ein geringes Selbstwertgefühl als Resultat bereits erfahrenen Misserfolgs das Aufschiebeverhalten begünstigen.

Der Teufelskreis der Misserfolgängstlichen von Metzig/Schuster (2010) verdeutlicht das Zusammenwirken mehrerer Faktoren, die schließlich zum Vermeidungsaufschieben führen.

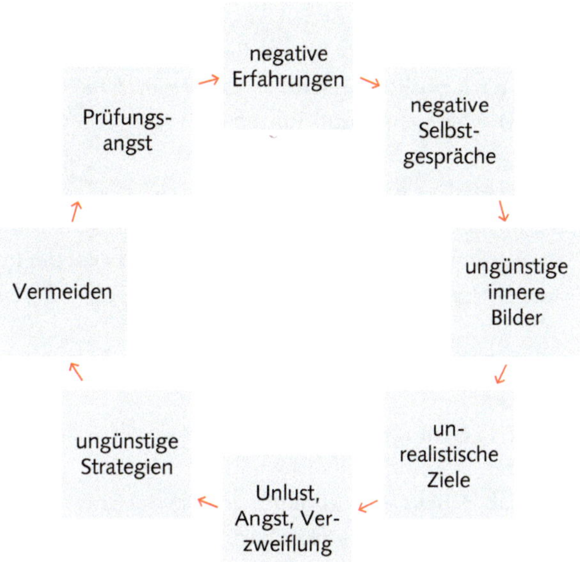

Abb. 6: Der Teufelskreis des Misserfolgsängstlichen (vgl. Metzig/Schuster 2010, S. 215)

Methode: *Tagebuch des Aufschiebens*

- Notieren Sie möglichst genau, *wann* Sie etwas aufgeschoben haben und was der Grund dafür war, also *warum* sie sich so verhalten haben.
- Beschreiben Sie präzise, welche Verzögerungstaktiken Sie anwenden.
- Halten Sie auch Ihre Gefühle und Gedanken schriftlich fest. Welche Gefühle machen sich in Ihnen breit, wenn Sie an das Erfüllen der Aufgabe denken? Welche Gefühle haben Sie, wenn Sie das Erfüllen der Aufgabe aufgeschoben haben?
- Schauen Sie sich die Eintragungen mehrerer Tage oder Wochen an.
  - Lässt sich ein Muster erkennen?
  - Schieben Sie nur ganz bestimmte Aufgaben auf oder neigen Sie generell bei weniger angenehmen Tätigkeiten dazu?
  - Welche Taktiken wenden Sie an, wenn Sie sich vor einer Aufgabe drücken wollen?

Beginnen Sie nach der sorgfältigen Analyse ihres Aufschiebeverhaltens den einzelnen Aspekten gezielt entgegenzuwirken.

Innere Bilder verändern

- Verändern Sie die negativen Selbstgespräche und inneren Bilder.
- Verbalisieren Sie dazu positive Gedanken und fixieren Sie diese schriftlich.
- Schreiben Sie Ihre Erfolge auf und führen Sie sich vor Augen, was Sie bereits geschafft haben.
- Sehen Sie sich beispielsweise Ihre Zeugnisse aus der Schule an. Sie offenbaren Ihnen schwarz auf weiß, dass Sie die Eignung für ein Hochschulstudium bereits erworben haben. Auch alte Klassenarbeiten, welche besonders gut waren oder gelungene Klausuren aus Ihrem Studium können Ihnen Ihr Potenzial vor Augen führen.

Realistische Ziele setzen

- Schätzen Sie Ihren Leistungsstand realistisch ein, indem Sie sich mit Kommilitonen oder anderen Prüflingen über Lerninhalte austauschen.
- Lassen Sie sich dabei nicht von Studierenden verunsichern, die stundenlang in der Bibliothek sitzen und lernen, sondern hören Sie im Gespräch ganz genau hin.
  - Wissen diese Leute wirklich alles?
  - Gibt es nicht auch Aspekte, die Sie anders sehen würden?
  - Haben Sie selbst andere Informationen dazu gelesen?
- Testen Sie Ihr Wissen. Häufig werden alte Klausuren im Prüfungsamt zur Einsicht bereitgestellt.

Angst und Unlust abbauen:

- Verändern Sie Ihren Lernort. Es muss nicht immer die Bibliothek oder der Schreibtisch sein, sondern auch im Café um die Ecke lässt es sich in einer gemütlichen Atmosphäre gut lernen.
- Nutzen Sie Rituale. Durch Rituale können Sie das Lernen mit positiven Gefühlen verbinden, zum Beispiel können Sie sich morgens bevor Sie mit dem Lernen beginnen einen Kaffee oder Tee in Ihrer Lieblingstasse zubereiten oder einige Minuten Ihre Lieblingsmusik laut aufdrehen.

Link

An der Universität Münster wurde am Fachbereich Psychologie und Sportwissenschaft die erste Prokrastinationsambulanz eingerichtet. Individuelle Beratung und Gruppen-Trainings sollen Betroffene dabei unterstützen, die eigene Selbststeuerung zu verbessern und neue Arbeitsgewohnheiten zu entwickeln. Auf der Internetseite der Universität Münster können Sie außerdem in einem Selbsttest das eigene Aufschiebeverhalten überprüfen:

https://www.uni-muenster.de/Prokrastinationsambulanz/

Ein Beispiel und weitere Tipps zum Führen eines Tagebuchs, finden Sie auch auf der Internetseite teachsam.de.

3.4.2 Mit Lampenfieber umgehen

Lampenfieber ist eine natürliche Begleiterscheinung in Prüfungssituationen. Die Anspannung und erhöhte Wachsamkeit, die Lampenfieber mit sich bringt, sind die Voraussetzungen für eine Geistesgegenwart, die Sie vor unwichtigen Gedanken schützt und ihre Konzentration auf die Prüfung fokussiert.

Gehen Sie mit Ihrem Lampenfieber konstruktiv um:

- Machen Sie sich die Symptome Ihres Lampenfiebers klar, zum Beispiel Appetitlosigkeit, nervöse Handlungen, wie Haare drehen oder Beinwippen etc. Erst wenn Sie sich dessen bewusst sind, können Sie auch gezielt dagegen vorgehen. Bitten Sie beispielsweise nach dem Halten eines Vortrags einmal einen Kommilitonen um Feedback.
- Erinnern Sie sich an eine frühere Erfolgssituation (beispielsweise eine gelungene Prüfung aus dem vorherigen Semester) und machen Sie sich bewusst, dass Sie also grundsätzlich in der Lage sind, Prüfungen erfolgreich zu bestehen.
- Bereiten Sie sich umfassend vor. Das Bewusstsein darüber, dass Sie das Beste in der Vorbereitung gegeben haben, bringt Sicherheit in der Prüfungssituation mit sich.
- Bereiten Sie sich nicht bis zur letzten Minute vor, das sorgt nur für Nervosität.
- Entspannen Sie sich vor der Prüfung, zum Beispiel durch einen kurzen Spaziergang.

- Informieren Sie sich genau über Ort und Uhrzeit der Prüfung und planen Sie genug Zeit für den Weg zur Prüfung ein, damit Sie nicht hektisch werden und zusätzlich unter Stress geraten.
- Tragen Sie angemessene und bequeme Kleidung, sodass Sie sich wohlfühlen. Insbesondere bei Referaten und mündlichen Prüfungen sollten Sie auch den Eindruck, den Sie durch Ihr Auftreten und Ihr Erscheinungsbild bei Ihrem Gegenüber erwecken, bedenken.
- Senden Sie in mündlichen Prüfungssituationen keine negativen Informationen über sich, wie »Ich bin schlecht vorbereitet, weil die Zeit so knapp war« oder »Ich konnte mit dem Text eigentlich nichts anfangen«, sondern seien Sie sich stattdessen Ihrer Stärken bewusst.

3.4.3 Mit Emotionen umgehen

Zwar ist der Zusammenhang von Emotionen und Gedächtnisprozessen noch nicht umfassend erforscht, Wissenschaftler sind sich jedoch einig, dass Emotionen beim Lernen eine wichtige Rolle spielen.

Beängstigende Gefühle wirken sich negativ auf die Leistung aus, denn Angst führt im menschlichen System zu einer Abwehrreaktion und blockiert gleichzeitig das Denken. Vielleicht haben Sie schon einmal eine Situation erlebt, in der Sie am liebsten im Boden versunken wären oder das Gefühl hatten, davonlaufen zu wollen. Diese Emotionen lassen sich auf die natürliche Fluchtreaktion zurückführen, mit welcher der Körper in einer angstbesetzten Situation reagiert.

Negative Emotionen umwandeln

- Bewegen Sie sich. Wenn Sie spüren, dass Angst oder andere negative Gefühle in einer Situation überhand nehmen, kann etwas Bewegung guttun, denn diese baut Angsthormone ab.
- Denken Sie an etwas Lustiges oder scherzen Sie mit Kommilitonen. Auch Lachen baut Spannungen ab und beruhigt den Körper.
- Lassen Sie negative Gefühle raus. Wenn Sie sich zum Beispiel über einen Text ärgern oder einfach nicht damit klarkommen, schreiben Sie alles auf, was Sie daran stört. Sie können sich bei dieser Übung auch direkt an den Autor wenden und ihm einmal so richtig die Meinung sagen. Versuchen Sie in einem zweiten Schritt aufzuschreiben, was Ihnen an dem Text gefällt und was Sie gut finden. So können Sie Ihre Abneigung in Interesse umwandeln.

Negative Emotionen vermeiden

- Überfordern Sie sich nicht. Zu viele neue Eindrücke können zu Stress führen, was wiederum die Leistungsfähigkeit einschränkt.
- Schließen Sie eine Lernsituation mit einem positiven Gefühl ab. Wenn Sie immer nur in Momenten mit dem Lernen aufhören, in denen Sie stark frustriert sind, wird die Lernsituation mit diesem negativen Gefühl verknüpft bleiben. Sobald Sie sich mit der gleichen Lernaufgabe auseinandersetzen, wird diese Verknüpfung aktiviert und Sie beginnen die Arbeit bereits mit einer negativen Gefühlslage.

Positive Emotionen fördern

- Feiern Sie Erfolge. Das Gefühl von Befriedigung spornt zu weiteren Aktivitäten an. Belohnen Sie sich deshalb nach einem anstrengenden Lerntag.
- Verstärken Sie positive Gefühle. Stellen Sie Blumen auf den Tisch oder summen Sie ein Lied, wenn Ihnen danach ist.

3.4.4 Mit Unsicherheit umgehen

Nicht nur in Bezug auf das Lernen können sich Schwierigkeiten ergeben, denen Sie sich stellen müssen, sondern auch bezüglich ihres bereits erworbenen Wissens können Unsicherheiten auftreten.

Problem

Martina sitzt in einem ihrer ersten Seminare und der Dozent präsentiert sein Wissen auf zahlreichen Folien. Es fallen Zitate berühmter Persönlichkeiten und auch in der anschließenden Diskussion werfen einige Kommilitonen mit bekannten Namen um sich. Martina ist eingeschüchtert und wagt es nicht mehr sich zu Wort zu melden, aus Furcht, etwas Unkluges oder Falsches zu sagen.

- Lassen Sie sich nicht von der Nennung bekannter Namen einschüchtern. Nur weil eine Person Goethe oder Einstein zitiert, bedeutet das noch nicht, dass sie sich mit Literatur oder Physik auskennt oder sich mit den Theorien oder Werken bereits intensiv auseinandergesetzt hat. Das Nennen von Namen berühmter Persönlichkeiten, ohne dabei einen inhaltlichen Bezug zum Autor herzustellen, wird als *Namedropping* bezeichnet. Prominente Namen sollen den Eindruck erwecken, dass es sich bei dem Gesagten um wichtige und gesicherte Erkenntnisse handele. Ähnliches kann man auch oft bei dem Gebrauch von Fachausdrücken beobachten.

- Verfallen Sie selbst nicht der Versuchung, Unsicherheiten im eigenen Wissen mit der Nennung von bekannten Wissenschaftlern zu überspielen, denn dies kann unangenehme Folgen haben, beispielsweise wenn einmal ein fachkundiger Zuhörer nachfragt.

III Der Umgang mit Wissen

1. Wissen
   1.1 Arten von Wissen
   1.2 Träger von Wissen
2. Wissensmanagement
   2.1 Universität und Wissensmanagement
   2.2 Persönliches Wissensmanagement
   2.3 Grenzen des Wissensmanagements

Ihr Wissen ist Ihre wertvollste Ressource, da Sie Ihren Studienerfolg und Ihre berufliche Zukunft bestimmt. Es erleichtert Ihren Wissenserwerb, wenn Sie die unterschiedlichen Arten von Wissen kennen und deren Bedeutung im Studium einschätzen können. Auch mögliche Träger von Wissen an der Universität sollten Sie kennen und wissen, wie diese Ihr Wissen zugänglich machen. Eine Unterscheidung des universitären und des persönlichen Wissensmanagements wird Ihnen deutlich machen, wie sich diese gestalten und welche Rolle sie für Ihr Wissen spielen.

1. Wissen

Unsere Gesellschaft wird häufig als *Wissensgesellschaft* bezeichnet. Der Grund dafür ist, dass dem Wissen eine zentrale Bedeutung zukommt: Es wird neben den drei Produktionsfaktoren Arbeit, Kapital und Boden als die wichtigste wirtschaftliche Ressource unseres Landes angesehen. Aus dieser Perspektive ist Wissen ist eine Art »Rohstoff«, mit dem es sorgsam umzugehen gilt.

Das gilt auch für das Wissen, das Sie im Laufe Ihres Studiums erwerben. Dieses Wissen bildet die Grundlage für weitere Lernprozesse, die Ihnen im späteren (Berufs)Leben begegnen. Es wird Ihnen wesentlich leichterfallen mit Problemsituationen angemessen umzugehen oder Lösungen zu finden, wenn Sie eine breite und gut organisierte Wissensbasis haben, auf die Sie immer zurückgreifen können. Nicht nur Faktenwissen ist dabei von Bedeutung, sondern auch die Fähigkeit, Probleme zu bearbeiten und die eigenen Kompetenzen angemessen anzuwenden, gehört in den Bereich des Wissens.

Wissen stellt das Ergebnis eines Lernprozesses dar. In den vorangegangenen Kapiteln haben Sie bereits erfahren, dass sich Lernprozesse oder Wissenserweiterungen nicht von Außenstehenden beobachten lassen. In bestimmten Zusammenhängen kann das erworbene Wissen wahrnehmbar werden, indem Sie beispielsweise ein Problem auf eine andere Weise lösen, in einer Hausarbeit eine neue Sichtweise vertreten oder einen Lösungsweg erklären können. In diesen Fällen wird auch für einen Außenstehenden erkennbar, was Sie dazugelernt haben.

Von der Information zum Wissen

Wissen ist nicht gleichzusetzen mit einer Sammlung von Informationen. Eine Information verändert sich bei ihrer Weitergabe nicht. Sie wird erst dann zu Wissen, wenn sie von Ihnen wahrgenommen und in Ihr schon vorhandenes Wissens-

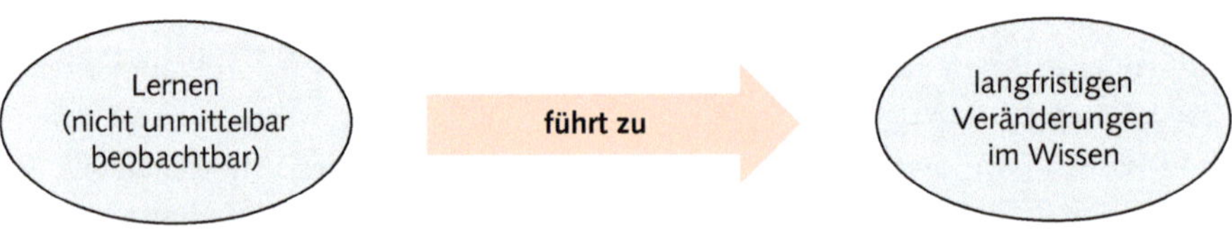

Abb. 7: Lernen und Wissen

geflecht eingearbeitet wird. Dieser Prozess geschieht nicht immer bewusst, sondern Sie ordnen Informationen ganz unbewusst bestimmte Merkmale zu.

Wenn Sie beispielsweise in einer Sprache eine neue Vokabel lernen, verknüpfen Sie mit dieser zunächst bestimmte Bedeutungen, die Sie mit der Zeit erweitern oder präzisieren können. Lesen Sie das Werk eines Theoretikers, der Ihnen noch nicht bekannt war, setzen Sie es zu anderen, Ihnen bereits bekannten Theorien in Bezug und grenzen es ab. Jede neue Information hat dementsprechend einen Einfluss auf Ihre gesamte persönliche Wissensbasis.

Da das Wissen eines jeden Menschen unterschiedlich ist, wird eine identische Information von jedem Individuum unterschiedlich bewertet. Aber auch Studierende aus dem gleichen Fachbereich verknüpfen Informationen mit jeweils unterschiedlichem Vorwissen.

Selbst Ihr eigener Umgang mit der gleichen Information ändert sich im Laufe der Zeit. Sie können dies selbst einmal austesten, indem Sie sich ein Jahr später noch einmal in die gleiche Vorlesung setzen oder einen Text lesen, den Sie vor längerer Zeit schon einmal gelesen haben. Sie werden merken, wie unterschiedlich Ihre persönliche Wahrnehmung trotz des identischen Inhalts ist. Ihr persönliches Wissen ist also das Ergebnis einer Vielzahl individuell durchlebter Lernprozesse.

Eine Information löst unterschiedliche Reaktionen aus

Die individuelle Wahrnehmung einer Information können Sie in alltäglichen Situationen gut beobachten. Achten Sie einmal darauf, wie unterschiedlich Menschen in Ihrem Umfeld auf die gleiche Information reagieren. Befindet sich beispielsweise ein Freund von Ihnen gerade in einer intensiven Lernphase und leidet zeitgleich unter einem ungewöhnlich starken Hautausschlag, wird dies von jedem Ihrer Bekannten unterschiedlich gedeutet. Ein befreundeter Psychologiestudent knüpft diese Körperreaktion beispielsweise an die psychische Belastung der Prüfungsphase, während einer Pharmaziestudentin direkt unterschiedliche Wirkstoffe in den Sinn kommen, die zu einer Linderung der Rötung verhelfen könnten.
Achten Sie einmal darauf, wie Sie und andere mit der gleichen Information umgehen.

Lernen Sie nicht einfach auswendig

Es wird jedoch nicht jede Information dauerhaft in das persönliche Wissen integriert. Wenn Sie beispielsweise Inhalte stur auswendig lernen, ohne sich deren Bedeutung bewusstzumachen, verknüpfen Sie diese auch nicht mit Ihrem Vorwissen und sie bleiben bloßes Datenmaterial in einem beliebigen Bedeutungskontext. Achten Sie deshalb darauf, dass Sie sich die Bedeutung von Informationen, die Sie an der Universität lesen oder hören bewusst machen. Fragen Sie nach, wenn Sie etwas nicht verstehen, sonst können Sie keine Verknüpfungen zu Ihrem Wissen herstellen.

Definition

Wissen

Wissen besteht aus der Gesamtheit aller Erfahrungen, Kenntnisse und Fähigkeiten eines Menschen. Es ist in den Handlungen eines Menschen, aber auch in dessen individuellem Denken und Fühlen verankert.
Informationen selbst sind wertneutral. Erst durch die Verarbeitung einer Person erhalten sie einen Wert, der jedoch immer subjektiv bestimmt und abhängig von dem bereits vorhandenen persönlichen Wissen ist.

Die einzelnen Schritte des Wissensaufbaus

Jede Information, die Sie im Rahmen Ihres Studiums in Ihr Wissen aufnehmen, durchläuft einen bestimmten Prozess, den Sie sich auch in Form einer Treppe mit mehreren Stufen vorstellen können. Klaus North hat dazu das Modell der Wissenstreppe entwickelt:

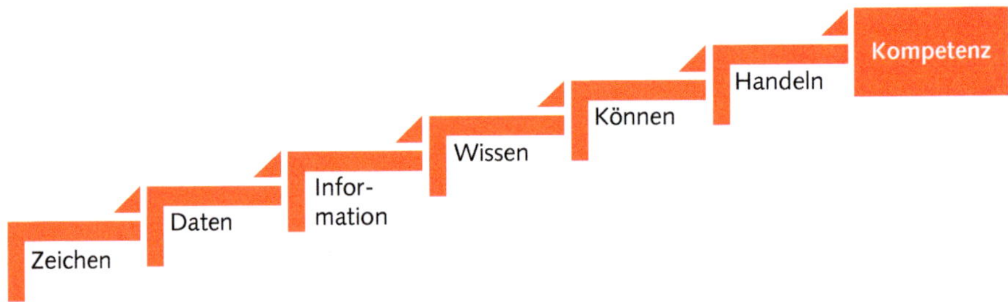

Abb. 8: Wissenstreppe nach North (1998)

Damit Sie Ihr Wissen später anwenden können, ist es wichtig, dass Sie alle Stufen dieser Treppe nehmen und nicht auf halber Höhe verharren.

Am besten lässt sich dies anhand eines Beispiels nachvollziehen: Wenn Sie sich über Gefahren im Umgang mit dem Internet informieren, bewältigen Sie bei der Lektüre verschiedener Texte die drei untersten Stufen der Treppe fast intuitiv.

- Jeder Text besteht zunächst einmal aus *Daten*, wie Wörtern, Sätzen oder Formeln, welche sich wiederum aus einzelnen *Zeichen* (Zahlen, Buchstaben, Satzzeichen etc.) zusammensetzen und unabhängig von der Interpretation einer Person existieren.
- Wenn Sie jedoch einen Text lesen und die Daten logisch zueinander in Beziehung setzen, können Sie diese als *Informationen* aus dem Text entnehmen. Das kann zum Beispiel eine Information darüber sein, wie viele Menschen in Deutschland täglich das Internet nutzen.
- Diese Information wird von jedem Leser ganz individuell aufgenommen und in sein bereits vorhandenes *Wissen* integriert. Haben Sie beispielsweise ein Vorwissen, wie viele Menschen in Deutschland täglich fernsehen, so können Sie die Häufigkeiten zueinander in Relation setzen und einschätzen, welches Medium (Internet oder Fernsehen) häufiger genutzt wird.
- Damit das Wissen für Sie nutzbar wird, müssen Sie es in einem nächsten Schritt anwenden und in *Können* verwandeln. Dies geschieht, wenn Sie sich praktisch mit dem Internet beschäftigen, indem Sie darin aktiv werden oder ein Projekt durchführen, oder Sie nutzen die Gelegenheit zu dem Thema eine Hausarbeit zu verfassen, wenden das Wissen also auf einer theoretischen Ebene an.
- Das angestrebte Ziel können Sie wiederum nur erreichen, wenn Sie das erworbene Wissen in eine *Handlung* überführen, indem Sie beispielsweise einen eigenen fundierten Text zum Umgang mit Medien verfassen.
- Je nach Angemessenheit Ihres Handelns stellt sich schließlich Ihre *individuelle Kompetenz* heraus. Eine schlecht recherchierte Hausarbeit, in der einseitig und ohne Beleg die Gefahren des Internets dargestellt werden, zeugt zum Beispiel nicht von fachlicher Kompetenz. Die strikte Ablehnung der Internetnutzung, um Gefahren zu vermeiden, wäre in Anbetracht der Tatsache, dass heutzutage fast alle beruflichen Tätigkeiten auf den Umgang mit diesem Medium angewiesen sind, sehr fragwürdig.

Beim Umgang mit dem Wissen, wie beispielsweise beim Schreiben einer wissenschaftlichen Hausarbeit, den ersten Erfahrungen in einem Job oder im Rahmen eines Praktikums, können Ihnen anfangs Fehler unterlaufen. Lassen Sie sich davon jedoch nicht entmutigen. Versuchen Sie aus Ihren Fehlern zu lernen und Sie werden sehen, dass Sie mit der Zeit Situationen oder Problemen angemessen begegnen.

Übung

Verdeutlichen Sie sich an einem beliebigen Beispiel, welche Stufen der Wissenstreppe Sie bei dem Erwerb eines spezifischen Wissens durchlaufen haben.
Können Sie alle Schritte nachvollziehen?
Fehlt Ihnen noch ein Schritt, zum Beispiel die praktische Anwendung Ihres Wissens?
Machen Sie sich bewusst, welche Stufen Sie noch nehmen müssen?

1.1 Arten von Wissen

Wissen begegnet Ihnen an der Universität in verschiedenen Formen. Im Rahmen von Vorlesungen oder Seminaren wird häufig ein *deklaratives Wissen* vermittelt. Es handelt sich dabei um feststehende Informationen, wie bestimmte Fakten, Ereignisse oder komplexere Zusammenhänge. Dieses Wissen lässt sich leicht verschriftlichen und in Nachschlagewerken, Fachbüchern oder auch auf Webseiten nachlesen.

Im Studium begegnet Ihnen jedoch nicht nur Faktenwissen, sondern auch Handlungswissen, welches auch als *prozedurales Wissen* bezeichnet wird. Es handelt sich dabei um ein Wissen darüber, auf welche Art und Weise Dinge getan werden.

Achten Sie darauf, dass Sie beide Wissensformen erwerben. Es genügt nicht, nur faktische Kenntnisse zu besitzen und diese nicht anwenden zu können. Sie brau-

Deklaratives und prozedurales Wissen im Alltag

Nicht nur an der Universität begegnen Ihnen Handlungs- und Faktenwissen, sondern auch in vielen alltäglichen Lernsituationen. Wenn Sie beispielsweise das Autofahren erlernen, eignen Sie sich zunächst die Verkehrsregeln an und Ihr Fahrlehrer erklärt Ihnen, wie Sie Kupplung, Gas und Bremse zu bedienen haben. Diese Informationen speichern Sie im *deklarativen* Gedächtnis ab. Das theoretische Wissen müssen Sie in einem nächsten Schritt in Handlungen überführen. Bei Ihren ersten Fahrversuchen entwickeln Sie entsprechende motorische Fähigkeiten und speichern dieses Wissen in Ihrem *prozeduralen* Gedächtnis ab.
Wenn Sie einmal in einem Land mit Linksverkehr ein Auto mieten, wird Ihnen die tiefe Verankerung des prozeduralen Wissens vor Augen geführt, wenn Sie zum Beispiel irrtümlicherweise den falschen Hebel bedienen und den Scheibenwischer anstatt des Blinkers aktivieren.

chen Handlungswissen in den vielfältigsten Situationen, von der Berechnung mathematischer Formeln bis hin zur Anwendung von Forschungsmethoden.

Wissen auf unterschiedlichen Bewusstseinsebenen

Darüber hinaus kann Wissen auch nach dem Bewusstseinsgrad unterschieden werden:

Als *explizites Wissen* wird ein transparentes und abrufbares Wissen bezeichnet, welches Sie erlangen, indem Sie bewusste kognitive Verknüpfungen herstellen. Dies geschieht beispielsweise beim Sprachenlernen, wenn Sie das Objekt *Stuhl* mit dem Wort »Stuhl« verknüpfen. Nachdem die Verknüpfung hergestellt wurde, wissen Sie wovon eine Person spricht, wenn sie das Wort »Stuhl« hören, selbst wenn das Objekt nicht in Ihrem Sichtfeld ist.

Explizites Wissen kann unter anderem in Texten, Formeln oder Datenbanken festgehalten werden und ist dadurch einfach weiterzugegeben und sprachlich leicht vermittelbar.

Bei *implizitem Wissen* hingegen handelt es sich um persönliches Erfahrungswissen. Dieses Wissen kann nicht so leicht weitergegeben werden und wird häufig unbewusst erworben. Wenn Sie beispielsweise eine Handlung ausführen, die einzelnen Handlungsschritte jedoch nicht explizit benennen können und nicht erklären können, *wie* Sie die Handlung bewerkstelligen, handelt es sich um implizites Wissen. Typische Beispiele sind die Fähigkeit, Fahrrad zu fahren, oder die Fähigkeit, zu kommunizieren.

Im Studium wird es viele Situationen geben, in denen es zu einem Zusammenwirken der beiden Wissensformen kommt.

Explizites Wissen wird zu implizitem Wissen

Wenden Sie explizites Wissen an. Die praktische Anwendung überführt explizites Wissen in implizites Wissen. Wenn Sie sich beispielsweise das Wissen über die Durchführung einer bestimmten Methode angelesen, es verstanden und abgespeichert haben, und diese Methode im Anschluss immer wieder praktisch anwenden, wird die Durchführung für Sie mit der Zeit so selbstverständlich werden, dass Sie sich Ihr Handeln nicht mehr bewusst machen müssen.

Implizites Wissen wird zu explizitem Wissen

Machen Sie sich implizites Wissen bewusst. Gerade in einer schriftlichen oder mündlichen Prüfung ist es wichtig, dass Sie Ihr Wissen nicht nur implizit abrufen können. Sie sollten einen Lösungsvorschlag nicht nur »aus dem Bauch heraus« einbringen können, sondern diesen auch begründen und mit expliziten Begriffen beschreiben können. Achten Sie darauf, dass Sie Ihr Handeln oder Ihre Beispiele immer ausreichend erklären und begründen können.

Explizites und implizites Wissen im Alltag

Auch das explizite und implizite Wissen lässt sich am Beispiel des Autofahrens verdeutlichen. Wenn Sie als Fahranfänger in einem Auto sitzen, müssen Sie sich jede Handlung und jede Verkehrsregel stets bewusst in Erinnerung rufen. Einige Jahre später jedoch denken Sie gar nicht mehr bewusst darüber nach, sondern führen die notwendigen Handlungen einfach unbewusst aus. Sie haben in diesem Fall das in der Fahrschule erworbene *explizite* Wissen in *implizites* Wissen überführt.

Träges Wissen

Eine Form des Wissens, die Sie unbedingt vermeiden sollten, ist das *träge Wissen*. Es handelt sich dabei um explizites Wissen, das als bloße Information gespeichert wird und deshalb nur in den gelernten Zusammenhängen angewandt oder abgerufen werden kann. Werden Fachinhalte beispielsweise einfach auswendig gelernt, dann ist es häufig nicht möglich Transferleistungen zu vollbringen und die Informationen auf andere Problemsituationen zu übertragen.

Auf diese Weise erworbenes Wissen ist für die spätere Anwendung im Beruf wertlos. Vermeiden Sie deshalb die Erzeugung von trägem Wissen durch reines Auswendiglernen unbedingt und versuchen Sie stattdessen Problemlösungen nachzuvollziehen und theoretisches Wissen in verschiedenen Kontexten anzuwenden.

Eine solche Transferleistung erwarten viele Professoren auch in Ihrer Abschlussprüfung von Ihnen. Überlegen Sie sich deshalb beim Erwerb neuen Wissens:

- Wo können Sie dieses Wissen anwenden?
- Wofür ist es wichtig, genau das zu wissen?
- Wie würden Sie einem Fachfremden erklären, warum dieses Wissen in Ihrem Fachbereich wichtig ist?

Scheuen Sie sich nicht nachzufragen, wenn Sie eine dieser Fragen nicht selbst beantworten können.

Aus der Forschung

Mit der Kluft zwischen Wissen und Handeln hat sich der Psychologe Diethelm Wahl bereits 1991 in seiner Studie »Handeln unter Druck« beschäftigt. Er bat Lehramtsstudierende Falldarstellungen zu interpretieren. Auf die Frage, warum sie bei der Interpretation auf Alltagswissen, nicht aber auf wissenschaftliche Theorien zurückgriffen, wurde unter anderem die Antwort gegeben: »Ich habe nicht gewusst, dass wir bei der Bearbeitung auf wissenschaftliche Theorien zurückgreifen müssen!« Dieses Beispiel veranschaulicht, dass Studierende wissenschaftliches Wissen häufig nicht von sich aus einsetzen, sondern nur, wenn sie ausdrücklich dazu aufgefordert werden. Wissen ist jedoch nur dann wertvoll, wenn Sie es auch anwenden können. Achten Sie deshalb in Ihrem Studium unbedingt auf die Verzahnung von Theorie und Praxis. Fragen Sie sich selbst, wo Ihr erworbenes Wissen Anwendung finden kann.

Die verschiedenen Wissensarten, Wissensformen und Bewusstseinsebenen und die möglichen Träger von Wissen sind im folgenden Schaubild noch einmal zusammengefasst:

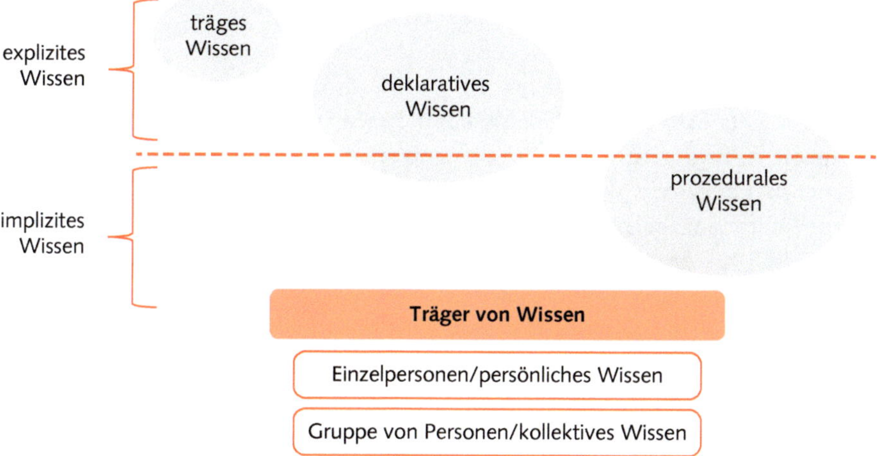

Abb. 9: Wissensformen, Bewusstseinsebenen und Träger von Wissen

1.2 Träger von Wissen

Neben dem persönlichen Wissen, gibt es auch ein *kollektives Wissen*. Dieses kollektive Wissen entsteht durch Diskurse zwischen Mitgliedern einer Gesellschaft, so auch an den Universitäten. Das Wissen vieler Personen wird versprachlicht und mit der Zeit systematisiert. Für Sie, als neues Mitglied der Hochschule, gilt es, dieses kollektive Wissen, welches sich in den Regeln, Normen und Strukturen der Universität niederschlägt, kennenzulernen.

Das kollektive Wissen ist jedoch oft nicht schriftlich fixiert. Sie werden ihm im Rahmen universitärer Veranstaltungen begegnen und es so mit der Zeit erwerben. Ein solches spezifisches Wissen der Universität ist zum Beispiel das Auf-den-Tisch-Klopfen als eine Form des Beifalls am Ende einer Seminarsitzung oder nach einem Vortrag.

Im Gegensatz zum kollektiven Wissen ist das *persönliche Wissen* nur einer Person zugänglich. Sie entwickeln Ihr Wissen individuell und sind dafür verantwortlich Ihre Wissensbasis zu verwalten und zu organisieren. Während dies im Alltag häufig unbeabsichtigt geschieht, ist das Studium darauf ausgerichtet, dass Sie Ihr Wissen zielgerichtet erweitern.

Die Fähigkeit des Nicht-Wissens
So wichtig der Erwerb von Wissen auch ist, lassen Sie sich nicht davon entmutigen, wenn Sie zu Beginn Ihres Studiums bemerken, dass Sie viele Theorien noch nicht verstehen und große Wissenslücken in Ihrem Fach haben. Nicht-Wissen wird schnell mit mangelnder Kompetenz gleichgesetzt. Wenn Sie sich jedoch die Rolle des Nicht-Wissens bewusst machen, können Sie es durchaus positiv betrachten.

Nicht-Wissen kann als ein Motor genutzt werden, der Sie dazu antreibt etwas Neues wissen zu wollen. Damit stellt es gewissermaßen die Ausgangslage für den Wissenserwerb dar. Wenn Sie an der Richtigkeit und Vollständigkeit Ihres vorhandenen Wissens zweifeln, führt dies dazu, dass Sie neues Wissen generieren. Gleichzeitig wächst mit neuem Wissen auch das Nicht-Wissen, denn mit jeder geklärten Frage entsteht eine Vielzahl neuer Fragen.

Lassen Sie sich daher nicht von Ihrem Nicht-Wissen verunsichern, sondern sehen Sie es als Chance und gehen Sie gezielt auf die Suche nach neuem Wissen! Das Nicht-Wissen ist niemals ausgeschöpft und die Möglichkeit, neues Wissen zu generieren, ist prinzipiell immer vorhanden.

Literaturtipp

Das Nicht-Wissen und das Nicht-genau-Wissen werden als neue Kompetenzen in der Wissensgesellschaft beschrieben. Mehr dazu finden Sie in der folgenden Lektüre:

Klein, Gereon (2001): Wissensmanagement und das Management von Nichtwissen. Entscheiden und Handeln mit unscharfem Wissen.
gereonklein.de

2. Wissensmanagement

Der Begriff des *Managements* wird in seinem Ursprung vorrangig mit der Betriebswirtschaft und der Unternehmensführung verbunden und weniger mit dem Lernen an einer Hochschule. Seit einiger Zeit hat jedoch das Wissensmanagement seinen Weg auch an die Hochschulen gefunden.

An der Universität erwerben Studierende täglich auf individuelle Weise neues Wissen. Der Wissenserwerb wird nicht immer bewusst gesteuert, sondern Lernprozesse werden schon allein durch das Lesen eines Textes oder eine angeregte Diskussion über fachliche Inhalte angestoßen. Es macht jedoch einen Unterschied, ob Sie den Erwerb von Wissen systematisch gestalten oder ihn einfach beiläufig geschehen lassen. Indem Sie Ihren Umgang mit Wissen bewusst steuern, können Sie zu einer Optimierung Ihres Wissenserwerbs beitragen sowie die Nutzbarkeit Ihres bereits vorhandenen Wissens verbessern. Der aus dem Englischen entlehnte Begriff des *Managens*, also des *Lenkens* oder *Verwaltens*, beschreibt solche Organisationsprozesse.

Ihr Wissensmanagement läuft nicht auf ein fertiges Produkt oder ein »Endwissen« hinaus, sondern ist als ein Prozess zu verstehen, der immer weiter voranschreitet. Setzen Sie sich deshalb nicht unter Druck, wenn es darum geht, ein Wissensziel zu erreichen. Es gibt immer *noch* mehr zu wissen und Sie werden nie auslernen. Betrachten Sie vielmehr ihr stetiges Weiterlernen und das fortwährende Managen Ihres Wissens als eine dauerhafte Investition in Ihre Zukunft.

Definition

Wissensmanagement

Der Begriff *Wissensmanagement* beschreibt Prozesse, bei denen es um die zielgerichtete Organisation von Wissen geht, beispielsweise den Erwerb, die Entwicklung, den Transfer, die Speicherung oder auch die Nutzung von Wissen.
Wissen ist nicht ein Besitz, den man sich einmal aneignet und dann behält, sondern etwas, das Sie pflegen müssen, indem Sie es managen, anwenden, erweitern etc.

2.1 Universität und Wissensmanagement

Die Universität spielt im Kontext der heutigen Wissensgesellschaft eine wesentliche Rolle, denn sie ist ein Ort, an dem bedeutende gesellschaftliche Probleme bearbeitet und neue Lösungen gesucht und gefunden werden, an welchem also ständig neues Wissen geschaffen wird.

Wissen muss publiziert werden
Das Wissen der gesamten Organisation *Universität*, besteht immer aus dem persönlichen Wissen vieler Einzelpersonen. In den Köpfen der Wissenschaftler versteckt, entfaltet dieses Wissen jedoch nicht seine ganze Wirkung. Es wird erst dann für die gesamte Organisation wertvoll, wenn es für die Allgemeinheit abrufbar und nutzbar gemacht wird.

Arbeitsergebnisse aus Studien oder neue Theorien, die von einzelnen Universitätsmitarbeitern erarbeitet wurden, werden dazu in eine Form gebracht, in der Sie für eine breitere Öffentlichkeit zugänglich sind. Das kann beispielsweise eine Veröffentlichung in einem Buch oder einer Zeitschrift sein, oder auch ein Fachvortrag, der vor einem Publikum gehalten wird.

Die hohe Kunst der Wissenschaft besteht also nicht nur darin, gute Ideen und Lösungen zu entwickeln, sondern auch darin, Gedanken, Lösungsprozesse und Argumentationen für andere nutzbar zu machen. Ein wissenschaftlicher Artikel, dessen Kernaussage nicht verständlich wird, ist nutzlos. Erst wenn es dem Autor gelingt, die eigenen Gedanken verständlich zu machen, kann sein Wissen auch von anderen genutzt werden.

Wie können Sie vom universitären Wissen profitieren?
Mit Ihrem Wissen tragen Sie dazu bei, dass das Gesamtwissen der Universität wächst. Gleichzeitig können Sie von dem an der Universität vorhandenen Wissen profitieren. Sie selbst sind dafür verantwortlich Ihr eigenes Wissen und den Erwerb von neuem Wissen bestmöglich zu managen.

So lange Sie studieren, sind Sie ein Mitglied der Universität und wenden ihr Wissen in diesem Kontext an. Wenn Sie die Universität verlassen, sollten Sie in der Lage sein, Ihr persönliches Wissen mitzunehmen und es in anderen Kontexten anwenden können. Damit Ihnen dies gelingt, werden Ihnen im Folgenden verschiedene Tipps und Hinweise gegeben, wie Sie Ihr Wissen effektiv managen können.

2.2 Persönliches Wissensmanagement

Während das Wissensmanagement an der Universität von vielen unterschiedlichen Personen und zentralen Einrichtungen gesteuert wird, sind Sie für Ihr persönliches Wissensmanagement selbst verantwortlich. Es ist Ihre Aufgabe, Ihr vorhandenes Wissen zu verwalten den Erwerb von neuem Wissen zu organisieren.

Machen Sie sich bewusst, welche Bestandteile bei der Organisation von Wissen von Bedeutung sind. Das Wissensmanagementmodell von Probst/Raub/Romhardt (2010) unterscheidet acht Bausteine, die Ihnen dabei eine Orientierung bieten

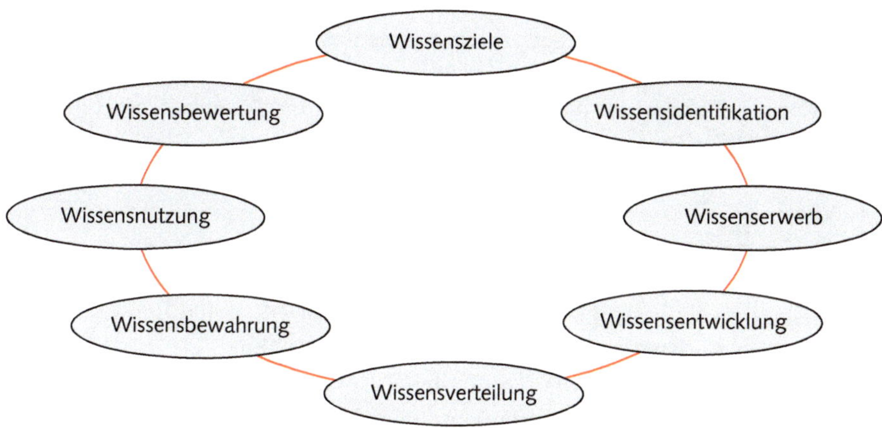

Abb. 10: Bausteine des Wissensmanagements nach Probst/Raub/Romhardt (2010)

können. Diese Bausteine sind nicht als unabhängige Einzelteile zu verstehen, sondern sie sind eng miteinander verknüpft und bilden in ihrer Gesamtheit den Prozess des Wissensmanagements ab.

- Wissensziele: *Was und zu welchem Zweck will ich etwas wissen?*
  Ziele geben Ihrem Wissensmanagement eine Richtung. Denn durch sie wird festgelegt, auf welchen Ebenen welche Fähigkeiten aufgebaut werden sollen.
  - Machen Sie sich Ihre Ziele deshalb zum Beginn und während eines Lernprozesses immer wieder bewusst.
  - Prüfen Sie, ob Sie Ihre Ziele konstant verfolgen oder ob sie sich verändert haben. Überlegen Sie, was genau Sie wissen wollen und warum.

- Wissensidentifikation: Über welche Informationen verfüge ich bereits?
  Um an der richtigen Stelle ansetzen zu können, sollten Sie sich zunächst vergegenwärtigen, was Sie bereits wissen und über welche relevanten Informationen Sie schon verfügen.
  - Schreiben Sie beispielsweise in Stichworten auf, was Sie zu dem Themengebiet wissen, welches Sie sich als Ihr Wissensziel gesetzt haben.
  - Notieren Sie auch in welchen Ihrer Unterlagen Sie nachschlagen könnten.

- Wissenserwerb: *Wer sind Wissensträger bzw. welche Wissensprodukte gibt es?*
  Überlegen Sie sich, auf welche Weise Sie am besten zu ihrem Wissen kommen.
  - Sind Sie darauf angewiesen Ihr Wissen vollständig selbst zusammenzutragen oder können Sie von bereits vorhandenen Problemlösungen profitieren?
  - Welche Personen verfügen über das von Ihnen benötigte Wissen und wie können Sie selbst davon profitieren?
  - Können Sie zum Beispiel mit einem Experten Kontakt aufnehmen oder relevante Unterlagen einsehen?

- Wissensentwicklung: *Wie kann ich mir benötigtes Wissen aneignen?*
  Überlegen Sie, *wie* Sie sich dieses Wissen am besten aneignen können.
  - Müssen Sie beispielsweise einen bestimmten Artikel oder mehrere Bücher lesen oder ist es hilfreich, ein Gespräch mit einem Experten zu führen?
  - Müssen Sie bestimmte Fähigkeiten erlernen, die Ihnen bei der Aneignung nützlich sein können, wie zum Beispiel Lese- oder Interviewtechniken?
  - Notieren Sie für welche Methode(n) Sie sich entscheiden.

- Wissensverteilung: *Wie kann ich mein Wissen verteilen?*
  Teilen Sie Ihr Wissen. Traditionell wird Wissen vor allem in schriftlicher Form verteilt, beispielsweise in Büchern oder Texten. Aber auch das Internet, Video- oder Audioaufzeichnungen können der Verbreitung von Wissen dienen. Darüber hinaus kann Wissen auch mündlich weitergegeben werden, zum Beispiel in Vorträgen oder Gesprächen.
  Wenn Sie in einer Gruppe lernen und Ihr Wissen mit den Mitgliedern der Gruppe teilen möchten, können Sie sich digitale Medien zu Nutze machen, indem Sie beispielsweise Arbeitsergebnisse speichern, per Mail versenden oder digitalisiert präsentieren.

- Wissensnutzung: *Wie kann ich Wissen produktiv einsetzen?*
  Nutzen Sie Ihr Wissen. Die produktive Nutzung von Wissen hängt eng mit Ihren Wissenszielen zusammen. Überlegen Sie sich wo und wie Sie das erworbene Wissen über den direkten Kontext hinaus verwenden können.
  - Gibt es zum Beispiel die Möglichkeit, einen Vortrag zu dem Thema zu halten oder können Sie Ihre Abschlussarbeit darauf aufbauen?
  - Sind Ihnen in anderen Seminaren anschlussfähige Themen begegnet?
  - Können Sie Ihr Wissen in einem Praktikum oder einem Nebenjob anwenden?
  - Können Sie sich vorstellen es in Ihrem späteren Beruf anzuwenden?

- Wissensbewahrung: *Welche Techniken des Selektierens, Speicherns und Aktualisierens gibt es für mich?*
  Bewahren Sie Ihr Wissen sorgfältig auf.
  - Legen Sie ein Ordnungssystem in Ihrem Regal oder auf Ihrem Computer an, in dem Sie Informationen sammeln und Ihr abgelegtes Wissen auch wiederfinden. Zur digitalen Wissensbewahrung können Sie spezielle Softwareprogramme nutzen oder Ihre Dokumente mit Schlagworten versehen, sodass Sie diese über die Suchfunktion ausfindig machen können.
  - Das Abspeichern von Wissen genügt jedoch nicht, sondern Sie müssen es auch regelmäßig aktualisieren. Überlegen Sie sich ein System dafür. Nutzen Sie zum Beispiel ein Notizheft für besondere Einfälle oder neue Informationen und ordnen Sie diese einmal wöchentlich in Ihr Ablagesystem ein.

- Wissensbewertung: *Welche Qualität hat das Wissen, das ich sammeln möchte/gesammelt habe, und welche Maßstäbe kann ich anlegen?*

Zentral für die Bewertung ist, ob sich mit dem erlangten oder noch zu erlangenden Wissen Ihr ursprüngliches Wissensziel erreichen lässt. Aber auch individuelle Ansprüche, zum Beispiel wie detailliert Sie etwas wissen möchten, spielen eine wichtige Rolle.

Versuchen Sie Ihr Wissen außerdem in einen Gesamtzusammenhang einzuordnen: Überlegen Sie sich welche Aussagen zentral sind und wie sich diese zueinander verhalten.

- Gibt es eine zentrale Position, die von vielen Wissenschaftlern vertreten wird?
- Ordnen Sie sich dieser Gruppe zu oder nehmen Sie eher eine Außenseiterrolle ein?
- In welchem Zusammenhang steht das erworbene Wissen mit Ihrem gesamten Studium?

Übung

Nehmen Sie sich die Zeit und notieren Sie, was jeder dieser Bausteine für Sie und für Ihren persönlichen Umgang mit Wissen im Studium bedeutet. Beantworten Sie dazu die oben aufgeführten Fragen. Am einfachsten wird es Ihnen fallen, wenn Sie sich zunächst Ihre Wissensziele notieren. Sie können sich auch eine konkrete Situation aus Ihrem Studienalltag vorstellen, zum Beispiel die Aufgabe, einen Fachbegriff zu definieren oder einen Versuch im Labor durchzuführen.

Die Bearbeitung der einzelnen Bausteine verschafft Ihnen einen ersten Eindruck, welche Schritte bei einem erfolgreichen Wissensmanagement notwendig sind. Methoden, die Ihnen dabei helfen, diese Schritte umzusetzen, werden in Teil IV vorgestellt.

Was kann mir ein persönliches Wissensmanagement nützen?

- Es kann meinen Lernprozess unterstützen.
- Es kann mir helfen, weiteres Wissen zu sammeln, zu strukturieren und den weiteren Wissenserwerb zu organisieren.
- Es kann mir helfen, Fehler, die Ich beim letzten Lernen gemacht habe, zu vermeiden.
- Es kann mich entlasten und dabei helfen, das Gefühl von Stress zu vermeiden.
- Es kann mir helfen Prüfungsangst zu vermeiden, weil ich genau weiß, was Ich gelernt habe.
- Es gibt meinem Studium eine Richtung und fördert meine Motivation, da ich mir meiner Ziele bewusst bin und sie im Blick habe.

2.3 Grenzen des Wissensmanagements

Das persönliche Wissensmanagement hat jedoch auch seine Grenzen. Die meisten Wissensmanagementmodelle gehen davon aus, dass der Erwerb von Wissen bewusst gesteuert werden kann. Emotionale und intuitive Prozesse treten dadurch in den Hintergrund, obwohl sie gerade im Bereich des Lernens eine wichtige Rolle spielen.

Mit intuitivem Wissen sind Einfälle gemeint, deren Herkunft nicht immer logisch erklärbar ist. Im Alltag spricht man auch von einem »Geistesblitz«. Zu solchen spontanen Einfällen kann es kommen, wenn Sie sich intensiv mit einem Thema auseinandersetzen oder lange über die Lösung eines bestimmten Problems nachdenken. Vielleicht ist es Ihnen auch schon mal passiert, dass Ihnen bei einem Spaziergang oder bei einer anderen Tätigkeit, zum Beispiel beim Fensterputzen, spontan die Lösung für ein bestimmtes Problem eingefallen ist, obwohl Sie in diesem Moment nicht aktiv darüber nachgedacht haben?

Sie können versuchen solche Einfälle durch verschiedene Methoden zu forcieren (siehe Teil IV). Oft sind es jedoch unbeabsichtigte Kleinigkeiten, die zum Durchbruch bei einem Problem verhelfen und die auch durch ein noch so gutes Management nicht beeinflusst werden können.

Der amerikanische Psychologe Jerome Bruner hat bereits in den 80er Jahren in seinen Studien intuitive Einfälle auf die Vertrautheit mit einem bestimmten Wissensgebiet zurückführen können. Durch die umfangreiche Beschäftigung mit einem Thema entsteht eine besondere Vertrautheit, die es dem Lerner erleichtert, Gedankengänge nachzuvollziehen, Zusammenhänge zu verstehen oder assoziative Verbindungen herzustellen.

Machen Sie sich bewusst, dass nicht alle Lern- und Wissensprozesse bewusst gesteuert werden können. Auf viele Aspekte können Sie jedoch Einfluss nehmen, indem Sie beispielweise gezielt Methoden zum Lern- oder Wissensmanagement anwenden.

IV Methoden und Tools des Wissensmanagements

1. Wie kann ich mein Wissen am besten managen?
   1.1 Vorhandenes Wissen identifizieren und strukturieren
   1.2 Vorhandenes Wissen kommunizieren und gemeinsam konstruieren
   1.3 Wissen für die Zukunft nutzbar machen
   1.4 Neues Wissen generieren
2. Wie unterstützen Medien mein Wissensmanagement?
   2.1 Zugang zu Informationen
   2.2 Kommunikation und Kooperation
   2.3 Verwaltung

Um Ihr persönliches Wissen effektiv managen zu können, sollten Sie unterschiedliche Methoden kennen und beherrschen. Im Folgenden erhalten Sie einen Einblick in Methoden, die Ihnen dabei helfen können, Ihr Wissen zu strukturieren, zu erweitern, es mit anderen zu teilen und für Ihre Zukunft anwendbar zu machen. Digitale Medien können Ihr Wissensmanagement in vielen Bereichen unterstützen und vereinfachen. Probieren Sie die vorgestellten Tools aus und wählen Sie Ihre Favoriten für Ihr eigenes Wissensmanagement aus.

1. Wie kann ich mein Wissen am besten managen?

Damit Ihr persönliches Wissensmanagement gelingt, sollten Sie unterschiedliche Methoden kennen und beherrschen. Machen Sie sich vor der Auswahl einer Methode bewusst, zu welchem Zweck Sie diese einsetzen möchten:

- Möchte ich mein Wissen zunächst einmal identifizieren und strukturieren?
- Oder habe ich bereits einen Überblick über mein Wissen und meine Wissensziele und möchte vielmehr meine bisherigen Kenntnisse öffentlich kommunizieren und gemeinsam mit anderen konstruieren?
- Möchte ich mein Wissen besonders gut konservieren und damit auch für die Zukunft nutzbar machen?
- Oder möchte ich ganz neues Wissen generieren?

Keine der folgenden Methoden dient jedoch nur *einem* bestimmten Zweck, sondern sie unterstützen unterschiedliche Prozesse des Wissensmanagements.

1.1 Vorhandenes Wissen identifizieren und strukturieren

Machen Sie Ihr persönliches Wissen greifbar, indem Sie es reflektieren und sich einen Überblick darüber verschaffen. Notieren Sie, was Sie zu einem Thema bereits wissen und was Sie noch lernen möchten. Erst wenn Sie Ihr Wissen auf diese Weise sichtbar gemacht haben, können Sie damit beginnen es zu strukturieren und Ihren Lernprozess gezielt steuern.

Problem

In zwei Tagen ist Annas mündliche Abschlussprüfung. Obwohl sie schon viel gelernt hat, wird sie von Tag zu Tag unsicherer. Sie hat das Gefühl, dass alle bereits gelernten Inhalte in ihrem Kopf durcheinandergeraten. Sie versucht deshalb noch mehr zu lernen und liest immer noch mehr Texte zu ihren Prüfungsthemen, wodurch sich das Chaos in ihrem Kopf und ihre eigene Unsicherheit weiter verstärken. Anna wird klar, dass sie die verbleibende Zeit nicht damit verbringen sollte, immer mehr Information zu sammeln, sondern dass sie sich vielmehr einen Überblick verschaffen und die wesentlichen Aspekte des Prüfungsthemas ins Gedächtnis rufen sollte.

In einer solchen Situation kann es helfen, das eigene Wissen mit Hilfe einer Wissenslandkarte zu verdeutlichen.

Methode: *Wissenslandkarte*

Das Erstellen einer Wissenslandkarte dient zur Identifikation bereits vorhandenen Wissens. Sie können sich dabei an der *Mind-Map-Methode*, die Sie in Teil II kennengelernt haben, orientieren. Bei der Wissenslandkarte kommt es jedoch darauf an, nicht nur das Wissen an sich festzuhalten, sondern auch zu verzeichnen an welchem Ort dieses Wissen zu finden ist, also beispielsweise in einem bestimmten Text, einer Zusammenfassung, die Sie geschrieben haben, oder in einem Fachbuch. In einem weiteren Schritt visualisieren Sie, welches Wissen Sie noch erwerben möchten.

Gehen Sie folgendermaßen vor:

1. Vorbereitung

- Entscheiden Sie zunächst, *welches* Wissen Sie auf Ihrer Landkarte festhalten wollen, denn danach richtet sich die Form Ihrer Karte:
  - Möchten Sie beispielsweise komplexe Zusammenhänge und Relationen zwischen einzelnen Wissensgegenständen, wie Theorien oder Fachgebieten verdeutlichen?
  - Oder möchten Sie Ihre eigene Wissensentwicklung festhalten und die einzelnen Schritte des Wissenserwerbs zu einem bestimmten Thema nachverfolgen?

2. Vorhandenes Wissen notieren

- Notieren Sie in Stichworten oder kurzen Sätzen, was Sie über ein Thema wissen.
- Eröffnen Sie für neue Aspekte ein Unterthema und setzen Sie es mit Hilfe von Pfeilen oder Linien mit den anderen Themen in Verbindung. So entsteht Schritt für Schritt eine immer weiter verzweigte Mind-Map, die Ihr Wissen zu einem bestimmten Themenbereich darstellt.
- Verwenden Sie für jeden Zeitabschnitt, beispielsweise für jedes Semester oder jeden Text, den Sie gelesen haben, unterschiedliche Farben. So können Sie immer erkennen, welches Wissen neu hinzugekommen ist.
- Nutzen Sie Symbole, um Strukturen und Zusammenhänge darzustellen.

Mögliche Symbole für die Darstellung von Zusammenhängen

<->	Gegensatz
=>	daraus folgt
->	Beziehung zu
!	besonders wichtig
?	Unklarheit
*	Ergänzung an anderer Stelle
(Wolke)	Eigene Gedanken/Ideen

3. Wissensorte bestimmen

- Vermerken Sie, wo Sie das notierte Wissen finden können. Das kann eine Literaturangabe sein, ein Ordner, in welchem Sie eine Zusammenfassung abgeheftet haben oder auch der Hinweis, dass Sie die Informationen in einem Gespräch oder einem Vortrag erhalten haben.

4. Benötigtes Wissen identifizieren

- Zeichnen Sie abschließend ein, welches Wissen Sie noch benötigen.
- Verwenden Sie dafür eine andere Farbe, um es vom vorhandenen Wissen abzugrenzen. So haben Sie genau vor Augen, an welchen Stellen Sie weiterarbeiten müssen und welches Wissen für Sie bedeutsam ist.

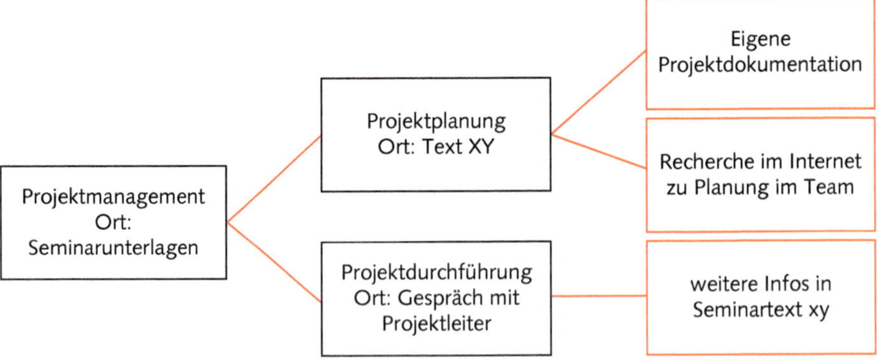

Abb. 11: Beispiel Wissenslandkarte

Nachdem Anna die Wissenslandkarte angefertigt hat, fühlt sie sich schon viel besser. Ein Blick auf die Karte zeigt ihr, wie viel sie zu ihrem Prüfungsthema schon weiß. Durch die bildliche Darstellung hat sie sich einen Überblick verschafft und kann nun auch kleinere Unterthemen in den Gesamtzusammenhang einordnen. Am letzten Tag vor der Prüfung liest sie keine weiteren Texte, sondern beschäftigt sich stattdessen noch einmal ausgiebig mit der Wissenslandkarte.

Was nützt Ihnen nun Ihre Wissenslandkarte?

Wird eine Wissenslandkarte kontinuierlich geführt, können Sie anhand der farblichen Kodierung zurückverfolgen, wie sich Ihr Wissen mit der Zeit entwickelt.

- Hängen Sie Ihre Karte gut sichtbar auf, sodass das Wissen für Sie stets präsent ist. Besonders in Zeiten der Prüfungsvorbereitung oder wenn Sie sich intensiv mit einem Thema beschäftigen, rufen Sie sich auf diese Weise die dargestellten Aspekte immer wieder ins Gedächtnis und speichern sie durch die regelmäßige Wiederholung langfristig ab.
- Hinterlegen Sie neben der Karte am besten einen Stift, sodass Sie weitere Einfälle oder Ideen sofort notieren können.

Auch in einer Gruppe können Sie mit einer Wissenslandkarte arbeiten. Diese bildet dann nicht nur Ihr individuelles Wissen ab, sondern verortet alle beteiligten Personen und deren Wissen in einem Gesamtbild.

Egal ob allein oder in der Gruppe: Eine Wissenslandkarte fördert Ihre Motivation und Ihr Selbstbewusstsein, da Sie Ihnen verdeutlicht, wie umfangreich Ihr Wissen mit der Zeit geworden ist.

Methode: *Karten legen*

Die Methode des Kartenlegens eignet sich besonders, wenn Sie Ihr bereits vorhandenes Wissen sinnvoll ordnen möchten, zum Beispiel für einen Vortrag oder zur Verschriftlichung.

- Schreiben Sie sich Ihre Fragestellung auf eine Karteikarte. Eine konkrete Fragestellung ist leichter zu bearbeiten als ein allgemeines Thema, denn Sie hilft Ihnen gezielt auf eine Antwort hinzuarbeiten.
- Notieren Sie in Stichworten (ein Thema pro Karte), welche Wissensbereiche Sie bereits schriftlich oder gedanklich erfasst haben.

- Ordnen Sie die Karten in einer logischen Reihenfolge an. Welcher Aspekt folgt auf welchen anderen Aspekt? Der Vorteil dieser Methode ist, dass Sie die Karten immer wieder neu anordnen und so verschiedene Strukturen ausprobieren können.
- Begründen Sie die Reihenfolge der Karten oder formulieren Sie direkt eine Überleitung.
- Probieren Sie auch einmal Konstellationen aus, die Ihnen auf den ersten Blick unpassend erscheinen. Durch das Verschieben der Karten werden Sie dazu angeregt, das Thema auch einmal aus einer anderen Perspektive zu betrachten und nicht zwanghaft an der ersten Struktur festzuhalten.

Methode: *Tortendiagramm*

Mit dem Tortendiagramm können Sie Ihre Lern- und Arbeitszeit für ein Projekt planen

Problem

Katharina arbeitet an einer Hausarbeit, die sie in zwei Wochen abgeben muss. Sie kommt jedoch nicht so gut voran, wie sie es sich vorgenommen hat. Sie arbeitet alles im kleinsten Detail aus und hat allein in ein Unterkapitel mehrere Tage Arbeit investiert, obwohl es keine zentrale Rolle in ihrer Arbeit spielt. Es fällt ihr schwer ein Kapitel abzuschließen, da sie immer das Gefühl hat, es gäbe noch mehr Informationen, die sie berücksichtigen sollte.

Das Erstellen eines Tortendiagramms eignet sich gut als Fortsetzung der Kartenmethode. Nachdem Sie mit Hilfe des Kartenlegens Ihrem Wissen eine Struktur gegeben haben, können Sie nun planen, wie viel Raum jeder Teilbereich im Verhältnis zum gesamten Projekt, Text oder Vortrag einnehmen soll. Ordnen Sie dafür jedem Teilbereich ein unterschiedlich großes Stück der Torte zu.

- Zeichnen Sie einen leeren Kreis mit Mittelpunkt.
- Starten Sie mit dem größten Stück und fügen Sie die weiteren Teile chronologisch an.
- Arbeiten Sie vorzugsweise mit dem Computer oder benutzen Sie Bleistift und Radiergummi, falls Sie bei den ersten Versuchen zunächst zu viele, zu wenige, zu kleine oder zu große Stücke einplanen.

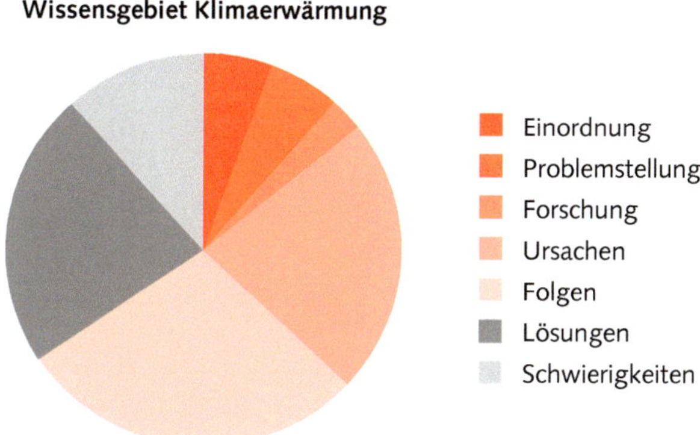

Abb. 12: Wissen im Tortendiagramm

- Berücksichtigen Sie bei Ihrem weiteren Vorgehen das Verhältnis der einzelnen Stücke zur ganzen Torte. Überlegen Sie zum Beispiel, ob es wirklich verhältnismäßig ist, für ein kleines Tortenstück sehr viel Zeit und Arbeitsaufwand zu investieren oder ob Sie sich nicht besser auf die großen Stücke der Torte konzentrieren sollten.

1.2 Vorhandenes Wissen kommunizieren und gemeinsam konstruieren

Teilweise zögern Studierende ihr Wissen nach außen zu tragen, sei es aus der Angst heraus, inkompetent zu erscheinen, oder weil sie befürchten, dass andere ihre Ideen für eigene Zwecke weiterverwenden könnten. Befreien Sie sich von diesen Gedanken. Sie können ihr Wissen nicht »verlieren«.

Machen Sie sich stattdessen den Nutzen des gemeinsamen Austauschs bewusst. Wenn in einer Gruppe *jedes* Mitglied sein Wissen einbringt und nicht nur von den anderen profitiert, verbessert sich die Leistung der ganzen Gruppe ebenso wie die jedes einzelnen Gruppenmitgliedes. Durch gemeinsame Diskussionen festigen Sie Ihre Wissensbasis, erlangen mehr Klarheit über einen Themenkomplex und kommen auf neue Ideen.

Problem

Jonas, Anna und Martina haben die Aufgabe, ein Referat vorzubereiten. Schon bei ihrem ersten Treffen kommt es zu einer Auseinandersetzung. Jonas, der 20 Minuten zu spät zum vereinbarten Termin eintrifft, hat sich nicht vorbereitet und seine Unterlagen zu Hause vergessen. Anna ist sauer, da sie sehr viel Zeit in die Vorbereitung investiert hat und nun befürchtet, dass die Gruppe mit der Ausarbeitung des Referats nicht weiterkomme und die Arbeit an ihr hängen bleibe. Die sensible Martina traut sich aufgrund der schlechten Stimmung nicht, ihre Ideen für das Referat einzubringen. Da also weder Jonas noch Martina aktiv mitarbeiten, bestätigen sich Annas Befürchtungen und sie muss tatsächlich fast alles alleine machen.

Gerade in Gruppen mit sehr unterschiedlichen Personen ist es wichtig die Stärken der einzelnen Gruppenmitglieder zu nutzen, anstatt sich über die Schwächen des anderen zu ärgern und so wertvolle Energien zu verschwenden. Die Methode der *Communities of Practice* ist ein gutes Beispiel dafür, wie unterschiedliche Personen ihre persönlichen Stärken in ein Projekt einbringen können.

Methode: *Communities of Practice*

Bei den *Communities of Practice* (CoP) handelt es sich um eine Gruppe von Personen, die sich freiwillig und informell zusammengeschlossen hat, um ein Thema zu bearbeiten. Die Mitgliedschaft in dieser Gruppe entsteht nicht durch Vorgaben von außen, sondern aufgrund des eigenen Interesses am Austausch.

- Legen Sie den Wissensbereich fest, in dem die Mitglieder relevante Themen, Aspekte oder Probleme zusammentragen wollen.
- Das zentrale Element in CoPs ist die praktische Zusammenarbeit. Dabei steht der Austausch von Lösungsansätzen im Mittelpunkt.
- Jedes Mitglied bringt sich in den Prozess der Wissenskonstruktion mit seinen spezifischen Fähigkeiten ein. Haben Sie es sich beispielsweise zum Ziel gesetzt, ein Beratungsportal für Studieninteressierte einzurichten, so engagiert sich der Jurastudent bei der Erarbeitung der rechtlichen Rahmenbedingungen für eine gemeinsame Webseite, eine Studentin der Erziehungswissenschaft gibt Tipps zur didaktischen Aufbereitung, ein Informatikstudent gestaltet die Plattform und Studierende verschiedener Fächer erstellen Inhalte für Ihre Fachbereiche.
- Fixieren Sie das Wissen aller Einzelpersonen und geben Sie es an die Gruppe weiter, beispielsweise durch Protokolle, Handouts oder Präsentationen.

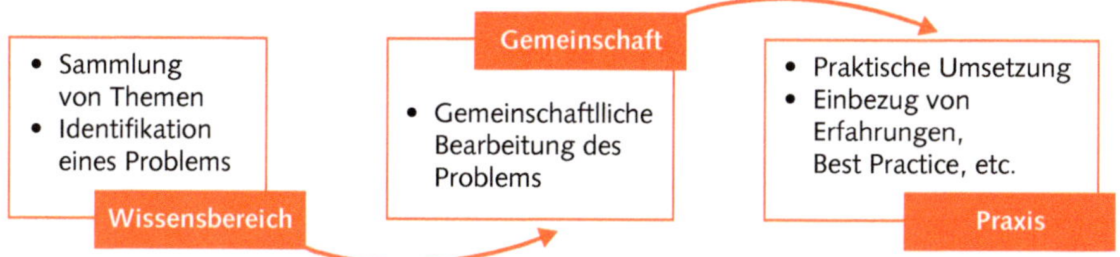

Abb. 13: Community of Practice

Die goldenen Regeln der CoP:

- Stellen Sie Fragen.
- Hören Sie aktiv zu.
- Bringen Sie Ihre Zielvorstellungen und Wünsche mit ein, wenn Sie gemeinsame Ziele festlegen. Das fördert Ihre Motivation.
- Tragen Sie auch etwas zum Lernen der anderen bei. Geben Sie Wissen preis.
- Gehen Sie respektvoll mit anderen um, auch wenn Sie anderer Meinung sind. Es ist schließlich das Ziel, Wissen auszutauschen, zu diskutieren und andere Perspektiven zu erfahren.

Anna, Jonas und Martina haben von der Community of Practice erfahren und beschließen diese Form der Zusammenarbeit auszuprobieren. Sie überlegen zunächst, wer welche Stärken hat oder über welches Wissen verfügt und wie dies in das gemeinsame Referat eingebracht werden kann. Anna beginnt ihre vorbereiteten Überlegungen vorzutragen, Jonas hat seine Ideen im Kopf und während dem Zuhören fallen ihm gute Themenüberleitungen ein, die er beisteuert. Martina traut sich ihre Vorschläge vorzustellen. Sie hat bereits praktische Erfahrungen in dem Themenfeld gesammelt und ist bereit, diese schriftlich festzuhalten und den anderen zuzusenden. Anna ist besonders gut im Korrekturlesen und wird das Layout der Präsentation gestalten, während Jonas bereit ist den Vortrag zu halten, da er von allen dreien am besten frei sprechen kann und keine Schwierigkeiten damit hat, auf Fragen aus dem Publikum spontan einzugehen.

Literaturtipp

Bernhard, Willi / Bettoni, Marco (2007): Wissensnetzwerke. Offene Zusammenarbeit im virtuellen Raum. In: P. Bergamin & G. Pfander (Hrsg.), Medien im Bildungswesen, Medienkompetenz und Organisationsentwicklung. Bern: Hep Verlag. S. 95–117

Methode: *Storytelling*

Das *Storytelling* ist eine Methode, die sich für die Arbeit in Communities of Practice gut eignet. Die Methode basiert darauf, dass eine oder mehrere Personen etwas zu einem bestimmten Thema berichten und eine Art »Geschichte« erzählen, die anschließend in der Gruppe analysiert und diskutiert wird. Solche Geschichten können beispielsweise Lernerfahrungen, Projektverläufe, Versuche oder praktische Erfahrungen dokumentieren, um diese besser greifbar zu machen.

- Suchen Sie eine Person, die ein relevantes Wissen über den Bereich hat und die sich bereit erklärt, dieses Wissen zur Verfügung zu stellen. Es muss sich dabei nicht um ein Mitglied der Gruppe handeln. Wenn es um geschichtliches Wissen geht, können Zeitzeugen eine gute Informationsquelle sein, aber auch Berichte aus einem Forschungsfeld oder der Praxis können interessant für eine Gruppe sein.
- Zeichnen Sie die mündlich vorgetragene Geschichte auf und verschriftlichen Sie diese für die Arbeit in der Gruppe. Der Text ermöglicht es Ihnen wichtige Passagen zu markieren oder in einer Diskussion schnell zu anderen Stellen zu wechseln.
- Markieren Sie zentrale Aussagen der Geschichte und ordnen Sie diese verschiedenen Themen zu. Arbeiten Sie dazu mit einem zweigeteilten Blatt: Während Sie auf der rechte Seite Originalzitate verwenden, nutzen Sie die linke Spalte, um das Thema des jeweiligen Zitats in eigene Worte zu fassen. So wird die persönliche Erzählung Schritt für Schritt in neuformuliertes Wissen überführt.
- Schreiben Sie die Erzählung abschließend in eigenen Worten neu und versehen sie diese mit einem Titel, einer kurzen Einleitung und den biografischen Daten des Erzählers. Die beiden Spalten behalten Sie bei. So können Sie in der rechten Spalte die Geschichte mit Rückgriff auf Originalzitate nachvollziehen, während die linke Spalte Ihre Anmerkungen, kurzen Analysen, Fragen und Einsichten enthält.
- Legen Sie die neuformulierte Geschichte dem Erzähler vor, um zu prüfen, ob Sie seine Gedanken in seinem Sinne verarbeitet haben.

Die Methode des Storytelling wird auch in Unternehmen eingesetzt, um das Wissen einzelner Mitarbeiter für andere nutzbar zu machen und Lösungswege zu verdeutlichen. Ein Vorteil der Methode ist, dass Geschichten oft verständlicher und dadurch leichter zu verankern sind, als reine Fakten.

Methode: *Mentorenprinzip*

Ein *Mentor* ist eine Person, die über ein umfangreiches Wissen verfügt und dieses an andere, in der Regel jüngere oder unerfahrenere Personen aus dem eigenen Fachgebiet, weitergibt.

Oft kann ein Experte Sachverhalte besser veranschaulichen, als dies der Fachliteratur gelingt.

- Nutzen Sie Mentorenprogramme. An einigen Universitäten werden spezielle Mentorenprogramme angeboten, in deren Rahmen einem Studierenden oder einer Gruppe von Studierenden ein Mentor zugeordnet wird. An diesen können die Studierenden sich mit ihren speziellen Fragen zum Studium oder zu Ihrem Fach wenden. Oft bieten auch ältere Kommilitonen ihre Unterstützung an, werden jedoch dann häufig als *Tutor* bezeichnet.
- Suchen Sie sich selbst einen Tutor. Wenn im Rahmen Ihres Studiengangs kein Mentorensystem verankert ist, können Sie sich auch selbst einen Mentor suchen. Zum Beispiel kann Ihnen ein Student aus einem höheren Semester beschreiben, wie er sich auf die Abschlussprüfung vorbereitet hat, welche Schwierigkeiten ihm begegnet sind, welche Fehler ihm unterlaufen sind und wie er diese schließlich gemeistert hat.
- Nutzen Sie die Gelegenheit und stellen Sie Fragen, wenn Sie zum Beispiel in einer kleinen Runde mit einem Professor oder einem Dozenten zusammensitzen.
- Engagieren Sie sich als studentische Hilfskraft an Ihrem Institut. Durch die aktive Mitarbeit in laufenden Forschungsprojekten können Sie in direkter Zusammenarbeit mit erfahrenen Wissenschaftlern lernen.

1.3 Wissen für die Zukunft nutzbar machen

Damit Sie einmal erworbenes Wissen auch zu einem späteren Zeitpunkt nutzen können, sollten Sie es systematisch reflektieren und Anwendungsmöglichkeiten dokumentieren.

Problem

Simon hat die Prüfungsvorbereitung tagelang vor sich hergeschoben. Weil er so spät angefangen hatte, musste er die letzten Nächte vor der Prüfung durchmachen, um noch einmal durch den Stoff des Seminars zu kommen. Die Prüfung hat er schließlich bestanden und ist darüber sehr erleichtert. Allerdings ist er von dem Lernpensum der letzten Tage total erschöpft und ärgert sich darüber, dass er mal wieder so spät angefangen hat. Simon überlegt, was er tun kann, damit die nächste Prüfungsvorbereitung nicht noch einmal so endet.

Um aus eigenen Erfahrungen und Fehlern zu lernen, ist das After Action Review eine geeignete Methode.

Methode: *After Action Review*

Mit Hilfe des After Action Reviews, welches als Reflexionsmethode im Rahmen der US-Army entstand, können Sie eine durchgeführte Handlung, wie zum Beispiel eine Prüfung, einen Vortrag o. ä. rückblickend beurteilen.

1. Ermitteln Sie den *Soll-Zustand*: »Was hätte passieren sollen?«
2. Dokumentieren Sie den *Ist-Zustand*: »Was ist wirklich passiert?«
3. Bringen Sie den Soll- mit dem Ist-Zustand in *Vergleich*: »Warum gab es (keine) Abweichungen?«
4. Formulieren Sie Ihre *Erfahrungen*: »Was kann ich daraus lernen?«

Nehmen Sie sich nach wichtigen Situationen im Studium die Zeit, diese Methode anzuwenden. Legen Sie dazu ein kleines Heft oder einen Ordner an, worin Sie Ihre After Action Reviews dokumentieren. Wenn Sie später vor einer ähnlichen Situationen stehen, können Sie Ihre Reflektionen wieder zur Hand nehmen, um besser einschätzen zu können, worauf es beim nächsten Lernen oder der Vorbereitung ankommt und welche Fehler Sie vermeiden sollten.

Methode: *Lessons Learned*

Statt das gesamte After-Action-Review zu durchlaufen, können Sie sich auch nur dem letzten Schritt widmen, den sogenannten *Lessons Learned*.

Indem Sie die »gelernten Lektionen« nach einer abgeschlossenen Lernphase dokumentieren, legen Sie eine Basis für ein effizienteres Lernen in der Zukunft.

- Halten Sie alle Fehler fest, die Ihnen unterlaufen sind und alle Schwierigkeiten, die sich Ihnen gestellt haben.
- Beschreiben Sie, wie es zu dem Fehler oder der Schwierigkeit kam.
- Überlegen Sie, was Ihnen das nächste Mal in einer ähnlichen Situation helfen könnte.
- Notieren Sie Methoden, die Ihnen in Ihrem letzten Lernprozess geholfen haben. So erhöhen Sie die Wahrscheinlichkeit, dass Sie mögliche Fehler nicht noch einmal begehen, und Sie vergessen Ihre Lösungswege auch dann nicht, wenn Sie einmal eine längere Pause im Studium einlegen, beispielsweise für ein Auslandssemester oder ein Praktikum.

Methode: *Mikroartikel*

Ein *Mikroartikel* ist eine Mischung aus einer Karteikarte und einem wissenschaftlichen oder journalistischen Artikel. Es handelt sich dabei um kurz und prägnant zusammengetragenes Wissen, auf das zu einem späteren Zeitpunkt schnell wieder zugegriffen werden kann.

Problem

Simon schreibt nicht besonders gerne mit. In Seminaren hört er zwar aufmerksam zu und glaubt, dass er sich das Wichtigste schon merken wird, bei der Vorbereitung für die Prüfung fällt ihm jedoch auf, dass er sich an einiges nicht mehr genau erinnern kann. Außerdem hatte er eine gute Idee für seine nächste Hausarbeit, allerdings ist ihm auch diese entfallen. Er ärgert sich über sich selbst, weil er sich nicht rechtzeitig ein paar Notizen gemacht hat und überlegt, ob es nicht eine praktische Methode gibt, Seminarinhalte knapp zu notieren.

Wenn es schnell gehen soll und Sie sich Informationen kurz und prägnant notieren möchten, sodass sie diese zu einem späteren Zeitpunkt weiterverwerten können, ist das Verfassen eines Mikroartikels eine geeignete Methode.

- Formulieren Sie Inhalte oder Lernerfahrungen verständlich und klar. Stellen Sie sich beispielsweise vor, dass Sie für eine Tageszeitung schreiben und jeder Leser nachvollziehen soll, was Sie erlebt bzw. in einer bestimmten Lernsituation erfahren haben.

- Orientieren Sie sich beim Schreiben Ihrer Mikroartikel an einem Leitfaden oder einem einheitlichen Raster, sodass diese übersichtlich bleiben und auch zu einem späteren Zeitpunkt leicht verständlich sind.

Folgende Fragen helfen Ihnen bei der Orientierung:

- Was ist das Thema gewesen, mit dem Sie sich in der Lernsituation beschäftigt haben?
- Was war der Lernanlass?
- Welche Erfahrungen haben Sie gemacht?
- Welche Folgerungen und Erkenntnisse gewinnen Sie daraus?
- Welche Fragen oder ungeklärten Probleme gilt es noch zu lösen?
  - Achten sie darauf, dass Ihre Mikroartikel einen gewissen Umfang nicht überschreiten. Legen Sie für jede Frage einen bestimmten Umfang fest, beispielsweise eine Seite oder drei bis vier Sätze. So wird es Ihnen oder anderen später leicht fallen, die Mikroartikel zu lesen bzw. gezielt nach bestimmten Punkten zu suchen.

Methode: *Best Practice Sharing*

Der Begriff *Best Practice* beschreibt Lösungswege, Modelle oder besonders gelungene Projekte, die bereits in der Praxis erprobt wurden. Nutzen Sie beispielsweise die Arbeit in der Gruppe, um solche bereits erarbeiteten Lösungswege mit Ihren Kommilitonen auszutauschen. Aufwändige Lösungen für spezielle Probleme müssen nicht mehrmals entwickelt werden.

- Lesen Sie im Internet nach. Insbesondere im technischen Bereich gibt es unzählige Foren, in welchen spezielle Problemstellungen behandelt und Lösungswege dokumentiert werden. Davon können Sie auch in Ihrem Studium profitieren. Wenn Sie zum Beispiel ein Diagramm anfertigen wollen, es aber nicht so aussieht, wie Sie sich das vorstellen oder bestimmte Funktionen eingeschränkt sind, können Sie Hilfe in einem Internetforum suchen. Fast jedes Problem oder jede Frage wurde schon einmal gestellt.
- Halten Sie selbst Lösungsmodelle, die Sie in einer Lerngruppe erarbeitet haben, fest. So können Sie nicht nur schnell auf eine Lösung zurückgreifen, sondern es hilft Ihnen auch dabei Ihr Wissen zu sortieren, da Sie bemüht sind, die Inhalte zu vereinfachen und für andere verständlich darzustellen.

- **Doch Vorsicht:** Nicht alle guten Lösungen sind in einen anderen Kontext übertragbar. In vielen Fällen müssen Sie die Vorschläge anderer noch einmal prüfen und gegebenenfalls modifizieren.

Info

Die öffentliche Verbreitung von Wissen

Das Thema Urheberrechte und der Umgang mit fremdem Gedankengut hat in jüngster Zeit eine erhöhte Aufmerksamkeit erfahren. Im Zeitalter der digitalen Medien ist das Veröffentlichen und auch das Kopieren von Inhalten einfacher geworden und vielen Personen ist nicht klar, in welchen Fällen sie Grenzen überschreiten.
Grundsätzlich gilt: Die Übernahme von Texten oder Gedanken anderer muss immer gekennzeichnet werden!
Häufig werden Inhalte im Internet geschützt, sodass andere Nutzer sie zwar lesen, aber nicht verbreiten dürfen. Im Sinne einer gemeinschaftlichen Nutzung und Verbreitung von Wissen, können Sie eigene Inhalte einem breiten Publikum zugänglich machen, indem Sie sie veröffentlichen und durch eine *Creative Commons License* schützen.
Creative Commons (CC) ist eine Non-Profit-Organisation, die in Form vorgefertigter Lizenzverträge eine Hilfestellung für die Veröffentlichung und Verbreitung digitaler Medieninhalte anbietet.

Tipp: Sie können auch eigene wissenschaftliche Arbeiten unter einer CC-Lizenz veröffentlichen. Informieren Sie sich dazu auf der Internetseite von Creative Commons über die Lizenzbedingungen: *de.creativecommons.org*

1.4 Neues Wissen generieren

Durch alle zuvor dargestellten Methoden lässt sich gezielt neues Wissen entwickeln: Sie können vorhandenes Wissen systematisieren (zum Beispiel durch *Mind-Maps*, *Wissenslandkarten* etc.), Ihr Wissen weitergeben und mit anderen diskutieren (zum Beispiel im Rahmen von *Communities of Practice*, *Storytelling* etc.) oder auch Ihre persönlichen Erfahrungen aufarbeiten und Ihr Wissen so für die Zukunft nutzbar machen (zum Beispiel durch ein *After Action Review* etc.). Es soll Ihnen jedoch im Folgenden auch eine Methode vorgestellt werden, die explizit für die Wissensgenerierung geeignet ist.

Methode: *Analogietraining*

Durch die Bildung von Analogien, können Sie Ihr Wissen leichter für andere verständlich machen und selbst neue Ideen entwickeln. Eine Analogie wird in der Rhetorik als ein Stilmittel genutzt, um ähnliche Informationen oder Muster miteinander in Zusammenhang zu bringen.

Bilder lassen sich leichter im Gedächtnis behalten, als abstrakte Formeln oder Zitate.

Versuchen Sie Informationen aus Ihrem Studium in Analogien umzusetzen. Überlegen Sie:

- Wie können Sie das Gelernte auf Ihre Lebenswelt übertragen?
- Wo liegen Parallelen zwischen Situationen an der Universität, dem reinen Faktenwissen und Ihrem Alltag?
- Was macht das neue Konzept aus und wie unterscheidet es sich von anderen Ideen?

Hier ein Beispiel für eine Analogie zum Studium selbst:
Das Studium ist wie eine Achterbahnfahrt, es geht immer rauf und runter. Zwischendurch hat man das Gefühl abzustürzen, dann wächst man wieder über sich hinaus. Am Ende übersteht man es jedoch meistens unbeschadet.

Übung 1

Überlegen Sie sich zwei weitere Analogien der Form »X ist wie Y«.

Übung 2

Nehmen Sie sich einen bestimmten Wissensbereich vor und wählen Sie verschiedene, für Sie schwer zu fassende Begriffe aus.
Erstellen Sie zu diesen Begriffen eine Mind-Map (siehe dazu Teil II)
Finden Sie zu den Begriffen eine passende Analogie.

2. Wie unterstützen Medien mein Wissensmanagement?

Im folgenden Kapitel werden Sie die unterschiedlichen Möglichkeiten zum Einsatz digitaler Medien kennenlernen, durch die Sie Ihr Wissensmanagement unterstützen können.

2.1 Zugang zu Informationen

Im Zeitalter digitaler Medien stellt es weniger ein Problem dar, an Informationen zu gelangen, als vielmehr mit der Informationsflut im Internet richtig umzugehen. Die Masse an Informationen im Netz und die Fülle an Möglichkeiten zur Wissenserweiterung gehen weit über die Verarbeitungsfähigkeit eines Individuums hinaus. Wenn Sie mit digitalen Medien arbeiten, müssen Sie deshalb lernen gezielt nach Informationen zu suchen und diese bewusst auswählen.

Beachten Sie bei der Recherche die folgenden Hinweise:

Setzen Sie sich Ziele:
Sicher ist es Ihnen auch schon einmal so ergangen, dass Sie sich in den Weiten des Internets verloren haben. Sie kommen von einem Aspekt zum nächsten, der eine Link scheint interessant zu sein, jene Information wollten Sie schon immer einmal nachlesen, und schon haben Sie das eigentliche Ziel Ihrer Recherche aus den Augen verloren. Deshalb ist es wichtig, dass Sie sich bereits vor Beginn einer Recherche genau überlegen, nach welchen Informationen Sie suchen. Formulieren Sie dazu am besten konkrete Fragen oder klar umgrenzte Ziele.

Begrenzen Sie die Zeit:
Da Sie im Internet immer noch mehr Material zu einem Thema finden können, müssen Sie die Zeit der Recherche eingrenzen. Nehmen Sie sich beispielsweise vor: In der nächsten halben Stunde werde ich zu dem Thema *Erderwärmung* nach aktuellen Meinungen und Forschungsergebnissen suchen und dabei besonders auf den Aspekt *Massentierhaltung* achten.

Prüfen Sie die Relevanz:
Wenn Sie ein bestimmtes Thema erarbeiten wollen, haben Sie meist den Anspruch, sich möglichst schnell einen Überblick über das Themenfeld zu verschaffen und die wesentlichen Aspekte herauszuarbeiten. Damit Ihnen das gelingt, müssen Sie die Informationen aus dem Internet hinsichtlich ihrer Relevanz bewerten. Machen Sie sich dazu am besten Notizen.

Prüfen Sie die Vertrauenswürdigkeit:
Darüber hinaus müssen Sie beurteilen, ob die Informationen vertrauenswürdig sind, also ob es sich um gesicherte Erkenntnisse oder eine nachvollziehbare Argumentation handelt. Sie sollten jede einzelne Quelle prüfen, um seriöse Informationen von unseriösen Angeboten zu unterscheiden. Teilweise sind bei Dokumenten aus dem Internet die Quellenangaben jedoch nur bruchstückhaft oder gar nicht vorhanden. Solche Informationen sind für wissenschaftliche Arbeiten unbrauchbar, da ihre Herkunft nicht überprüfbar ist.

Überprüfen Sie:
1. Wer ist der Verfasser? Wird er namentlich genannt?
2. Ist der Verfasser als Spezialist oder Fachperson in dem Themenbereich bekannt?
3. Wann wurde der Text geschrieben? Unterscheiden Sie zwischen erstmaliger Veröffentlichung und Datum der letzten Aktualisierung.
4. Wer ist für die Seite verantwortlich (Institution oder Privatperson)?
5. An wen richtet sich die Seite?
6. Werden die Regeln des wissenschaftlichen Arbeitens eingehalten (Zitation, Literaturliste, logische Argumentation, klare Gliederung)?

Prüfen Sie die Aktualität und machen Sie eine Kopie:
Neben den Angaben über den Verfasser, müssen Sie auch die Aktualität der Artikel überprüfen. Da Texte im Internet jederzeit verändert oder entfernt werden können, ohne dass Sie es bemerken, werden sie auch als *flüchtige Inhalte* bezeichnet. Diese ständigen Neuerungen führen zu unterschiedlichen Suchergebnissen an verschiedenen Tagen oder sogar zu verschiedenen Tageszeiten. Wenn Sie Dokumente aus dem Internet für Ihre wissenschaftliche Arbeit verwenden, sollten Sie unbedingt eine Kopie der entsprechenden Internetseite speichern, um bei Rückfragen auf die verwendeten Daten zurückgreifen zu können.

Verwenden Sie unterschiedliche Suchmaschinen:
Nutzen Sie bei Ihrer Recherche unterschiedliche Suchmaschinen. Jede Suchmaschine verwendet einen anderen Suchalgorithmus und zeigt die Ergebnisse in einer anderen Reihenfolge an. Das oberste Ergebnis ist daher nicht das Beste oder Aktuellste. Im wissenschaftlichen Kontext eignet sich auch die Suchmaschine *Google-Scholar*, denn dort werden die Ergebnisse gefiltert und vor allem wissenschaftliche Titel angezeigt. Dennoch ist auch hier Vorsicht geboten und die Inhalte müssen von Ihnen selbst auf Seriosität geprüft werden.

Link

Google-Scholar ist eine Suchmaschine von Google, die darauf spezialisiert ist wissenschaftliche Texte oder Internetseiten zu durchsuchen. Dadurch wird bereits ein großer Teil der nicht seriösen Treffer aus der Ergebnisliste herausgenommen.

scholar.google.de

Informationen abonnieren

Informationen lassen sich über einen speziellen Service im Internet abonnieren, das heißt, Sie bekommen neue Informationen wie bei einem Zeitschriftenabonnement digital zugeschickt.

Falls Sie die Suchmaschine *Google Scholar* nutzen, ist es praktisch, wenn Sie sich sogenannte *Alerts* auf bestimmte Schlagworte setzen. So werden Sie immer direkt benachrichtigt, wenn es Neuerscheinungen zu Themen gibt, die Sie gerade interessieren.

Viele Internetseiten bieten einen RSS-Dienst an (Really Simply Syndication; erkennbar an dem kleinen orangefarbenes Rechteck mit den weißen Wellen), welcher Veränderungen auf der Seite an alle Abonnenten meldet. Dies erspart Ihnen als Nutzer die zeitaufwändige Prüfung, ob auf einer Seite eine neue Meldung veröffentlicht wurde.

Ein RSS-Dienst kann per Webbrowser, Email-Programm oder speziellem RSS-Reader genutzt werden. Am einfachsten ist die Nutzung über den Webbrowser, denn fast alle Browser zeigen das RSS-Symbol an, über das man das Abonnement starten kann. Eine andere Möglichkeit ist die Nutzung eines RSS-Readers. Über ein solches kostenloses Programm können mehrere RSS-Feeds abonniert, strukturiert und verwaltet werden (s. Links).

Gibt es keinen RSS-Dienst, lassen sich teilweise Mailing-Alerts einrichten. Auf Seiten vieler Onlinezeitschriften lässt sich beispielsweise die Mailadresse hinterlegen. Richten Sie in Ihrem E-Mail-Programm einen Filter ein, in dem diese Nachrichten automatisch gesammelt werden, damit sie nicht Ihr Postfach überfluten. Hier können Sie dann bei Interesse stöbern. Ebenso lassen sich Newsletter abonnieren oder – wenn Sie sehr aktuelle Informationen suchen – Nachrichten sozialer Dienste, wie etwa Twitter.

Links

Wählen Sie am besten webbasierte RSS-Reader, die auf verschiedenen Geräten genutzt werden können. So können Sie auch von unterwegs mit Ihrem Smartphone oder Tablet auf Inhalte zugreifen. Hier eignet sich etwa **Pocket**. Mit dieser Anwendung können Informationen gelesen und strukturiert werden.

getpocket.com

Nutzen Sie die Weite

Ja, es ist leicht, sich in der Weite des Internets zu verlieren. Sie können sich diese Weite aber auch aktiv für Ihre eigene Recherche nach dem *Schneeballsystem* zunutze machen. Beginnen Sie mit einer konkreten Quelle, die Sie spannend finden oder die für Ihr Thema wichtig ist, z.B. ein Aufsatz oder ein Lehrbuch? Schauen Sie sich die Literaturangaben in dieser Quelle an und nutzen Sie sie bei der Suche nach neuen zugehörigen Texten. Sie werden oftmals schnell auf weitere thematisch passende Literatur und Hinweise stoßen und können das Verfahren dann bei den weiteren Quellen wiederholen.

2.2 Kommunikation und Kooperation

Digitale Medien eigenen sich sehr gut zur Zusammenarbeit und zur orts- und zeitunabhängigen Kommunikation mit anderen. Anwendungen wie Foren, Blogs oder Wikis können dem Austausch von Wissen und Erfahrungen dienen und werden auch als *Social Software* oder *Web 2.0* bezeichnet. Probieren Sie in Ihrem Studium einmal verschiedene Softwarelösungen und Techniken aus, um zu sehen, welche sich für die Organisation Ihres Wissens am besten eignen.

Persönliches Wiki

Ein persönliches Wiki basiert auf einem Hypertext-System, das heißt, es besteht aus Inhalten, die netzartig miteinander verknüpft sind. Dies bietet viele Möglichkeiten für das Wissensmanagement, zum Beispiel können Sie mit seiner Hilfe Inhalte miteinander verbinden, Begriffe recherchieren oder eine Wissenslandkarte anfertigen. Ein gut geführtes Wiki bietet Ihnen die Möglichkeit, über die Suchfunktion nach bestimmten Informationen zu suchen, wenn Sie beispielsweise für eine Hausarbeit zu einem bestimmten Thema recherchieren.

1. Beginnen Sie mit einem ersten Artikel. Sie können zum Beispiel einen Aufsatz exzerpieren oder alle Fakten zu einem bestimmten Themenbereich sammeln und diese zu einem Text zusammenfassen.
2. Wählen Sie einzelne Begriffe oder Fakten aus, die Sie weiter beleuchten möchten. In diesem Fall können Sie einen Link (engl. für *Verknüpfung*) in den Text einfügen, die zu einem eigenständigen Artikel über diesen Begriff führt.
3. Sie können einen Artikel jederzeit bearbeiten. Es wird immer die alte *und* die aktualisierte Version des Textes gespeichert. So können Sie immer nachvollziehen, welche Änderungen wann und – im Falle einer gemeinschaftlichen Nutzung in einer Gruppe – von wem vorgenommen wurden.
4. Nutzen Sie das angeschlossene Forum, um mit anderen über die genaue Formulierung oder bestimmte Aspekte zu diskutieren.

Schauen Sie sich beim wohl bekanntesten Onlinelexikon *Wikipedia* (*wikipedia.de*) einmal den Entstehungsprozess eines Artikels und die dazugehörige Diskussion an. Oder verfassen Sie selbst einen Beitrag, bzw. erweitern Sie einen Artikel, um die Funktionsweise eines Wikis kennenzulernen.

Software

Für die Erstellung eines persönlichen Wikis eignet sich zum Beispiel die kostenlose Software **MediaWiki**, auf der auch die bekannte Wikipedia basiert. Sie kann auch als eine Art digitaler Zettelkasten (siehe dazu Karteikartensystem, Teil III) beschrieben werden.

mediawiki.org

Weblog und E-Portfolio

Ein Weblog, auch kurz *Blog* genannt, ist ein öffentliches oder teilöffentliches elektronisches Tagebuch oder Journal. Die Schreiber eines Blogs berichten meist aus der Ich-Perspektive über verschiedene Erlebnisse, Ereignisse oder Gedanken.

Leser haben die Möglichkeit, über eine Kommentarfunktion Stellung zu dem Geschriebenen zu nehmen.

Im wissenschaftlichen Kontext können Blogs dazu genutzt werden, über fachspezifische Inhalte zu schreiben. Da ein Blog keine »offizielle« Publikationsform ist, können darin auch Gedanken oder Hypothesen veröffentlicht werden, die noch näher geprüft werden müssen. Im Austausch mit anderen werden Ideen oder Modellskizzen weiter entwickelt.

Nutzen Sie einen Blog beispielsweise dazu, erste Gedanken zum Thema Ihrer Abschlussarbeit zu formulieren und diese mit Kommilitonen und Freunden zu teilen und von deren Anregungen zu profitieren. Es gibt unterschiedliche Möglichkeiten, einen eigenen Blog kostenfrei einzurichten (siehe Linktipp).

Ein *E-Portfolio* ist eine spezielle Form des Blogs und wie ein herkömmliches analoges Portfolio eine Sammlung von Informationen und Gedanken zu einem Thema. Sie können ein Portfolio nicht nur im Rahmen eines Kurses führen, sondern auch alle Gedanken, Quellen, Texte etc. festhalten, die Ihnen im Laufe Ihres Studiums begegnen.

Ein E-Portfolio stellt kein fertiges Produkt dar, sondern dokumentiert vielmehr Ihren (Lern)Prozess. Im Bereich des Journalismus ist es sogar üblich, dass Journalisten ein eigenes E-Portfolio oder einen Blog führen, welchen Sie bei Bewerbungen als Referenz angeben. Über ein solches E-Portfolio können auch Personen aus Ihrem Fachbereich auf Sie aufmerksam werden.

- Richten Sie sich einen Account bei einem Anbieter ein und machen Sie sich mit den technischen Details vertraut.
- Überlegen Sie, zu welchem Zweck Sie ein Portfolio führen wollen und welche Lernprozesse Sie dokumentieren.
  - Über was machen Sie sich Gedanken?
  - Was interessiert Sie an Ihrem Fach/Kurs besonders?
  - Gibt es Beispiele aus der Praxis, die Sie vor dem Hintergrund Ihres Studiums genauer betrachten möchten?
  - Was ist das übergeordnete Thema Ihres Blogs?
- Sammeln Sie Schritt für Schritt Materialien und füllen Sie Ihr Portfolio. Dies können Texte, Filmausschnitte, Tondateien, Bilder, Links etc. sein.
- Verknüpfen Sie die Inhalte mit Schlagworten (sogenannte *tags*), so können Sie Ihre Sammlung ordnen und Aspekte zu einem Thema leichter finden. Legen Sie diese Begriffe nicht willkürlich fest, sondern überlegen Sie sich ein System.

Software

Mit einer kostenfreien Software, wie zum Beispiel **Wordpress**, lassen sich Weblogs sehr leicht aufbauen und pflegen.

wordpress.com

Social Bookmarks

Social Bookmarks sind Lesezeichen für das Internet, die von mehreren Personen genutzt werden können. Jeder Nutzer kann eigene Lesezeichen hinzufügen, löschen, diese bewerten oder mit Schlagworten versehen.

Der Vorteil von Social Bookmarks ist, dass sie sich nicht wie Ihre privaten Lesezeichen nur auf Ihrem eigenen Computer befinden, sondern auf einem Server hinterlegt sind, den Sie von jedem beliebigen Computer ansteuern können. Darüber hinaus können Sie Ihre Linklisten mit anderen Nutzern teilen. Indem Sie seine Lesezeichen-Sammlung als Ausgangspunkt für Ihre weitere Recherche verwenden, können Sie sich viel Zeit für die erste aufwändige Suche nach passenden Webangeboten sparen.

Links

Internetdienste wie **Diigo** machen es möglich, im Netz elektronische Lesezeichen zu setzen und Webseiten mit Schlagworten zu versehen.

diigo.com

Social Reading

Als Social Reading wird das gemeinsame Lesen von Büchern oder Texten im Internet sowie die Kommentierung und Diskussion der Texte über einen längeren Zeitraum bezeichnet. Der Austausch findet in thematisch fokussierten Foren und Communities, wie etwa *Goodreads* oder *Lovelybooks*, statt. Dabei können sowohl belletristische Werke als auch Sachbücher besprochen werden. Inzwischen stellen auch einige Universitäten Studierenden und Wissenschaftlern eigene Social Reading-Portale zur Verfügung. Wenn Sie ungern allein in Texten und Büchern versinken, kann Social Reading ein Anreiz sein, mit anderen über das Gelesene ins Gespräch zu kommen.

Links

Internetdienste wie **Goodreads** oder **Lovelybooks** machen es möglich im Netz mit anderen über Gelesenes zu diskutieren.

Goodreads.com
Lovelybooks.com

Gruppen-Softwaresysteme

Zum Arbeiten in einer Gruppe eignen sich sogenannte *Gruppen-Softwaresysteme*, die der Kommunikation oder Kooperation dienen. Die einfachste Möglichkeit zum Austausch von Nachrichten über größere Distanzen hinweg ist der Versand von Emails.

Ein synchroner Austausch von Nachrichten zwischen zwei oder mehr Personen ist auch über Chats, Instant Messenger sowie Audio- oder Videokonferenzsysteme möglich.

Anwendungen wie *Skype oder Google Hangouts* bieten sich neben ihrer Funktion als Instant Messenger auch zur Durchführung von Audio- und Videokonferenzen an. Während einer solchen Konferenz können Sie zudem Dateien versenden oder Einzelpersonen private Nachrichten schreiben.

Anwendungen wie *Slack* oder *Meistertask* eignen sich neben der synchronen und asynchronen Kommunikation sogar dazu, das gesamte Projekt zu managen. Die kostenlosen Softwares bieten unter anderem die Möglichkeit, zahlreiche Dienste einzubinden, etwa *Google Drive* oder *Dropbox* oder auch Visualisierungen von Mindmapping-Programmen (zu den Funktionen, s. unten).

Software

Um mit Kommilitoninnen ortsunabhängig und kostenfrei kommunizieren zu können, bieten sich Softwareprogramme wie **Skype, Google Hangouts** oder **Slack** an.

skype.com
hangouts.google.com
slack.com
meistertask.com

Des Weiteren können Gruppen-Softwaresysteme die Wissenskooperation und Zusammenarbeit zwischen mehreren räumlich oder zeitlich voneinander entfernten Personen ermöglichen.

Zum Arbeiten in Gruppen ist es sinnvoll, einen gemeinsamen Ort zur Ablage von Dateien zu finden. Auf diesen sollten alle Gruppenmitglieder zu jeder Zeit zugreifen können. Viele Universitäten haben dazu eigene interne Cloud-Speicher-Lösungen entwickelt, die es Ihnen ermöglichen, Ihre Daten geschützt zu teilen. Hier bieten sich Onlinedienste zum File-Hosting an, wie *Dropbox* oder *Google Drive*. Beide Anwendungen bieten neben der Möglichkeit Dateien abzulegen auch die Option, sie gemeinsam zu bearbeiten. Teilweise kann zeitgleich an gemeinsamen Dokumenten geschrieben werden. Wenn Sie noch keine Erfahrungen mit kollaborativem Schreiben gemacht haben, sollten Sie dies in einer Lerngruppe einmal testen. Statt allein Texte zu schreiben, die später wieder zusammengefügt werden müssen, können so Texte von Anfang an im Austausch mit anderen entstehen. In Google Drive kann beispielsweise parallel zum Schreiben ein Messenger genutzt werden, um sich abzustimmen.

Software

Um Dateien abzulegen, gemeinsam zu bearbeiten oder von Grund auf gemeinsam an Dokumenten zu schreiben, können Sie kostenfreie Dienste, wie **Dropbox** oder **Google Drive** nutzen. **Etherpads** oder **Cryptpads** sind ohne Registrierung sehr schnell erstellt, bieten jedoch teilweise eingeschränktere Funktionen. Dafür sind Ihre Daten besser geschützt.

dropbox.com
drive.google.com
etherpad.net
cryptpad.fr

Nutzen Sie bei der virtuellen Zusammenarbeit auch unterschiedliche Möglichkeiten der Visualisierung. Mit Hilfe von *Brainstormingsystemen* können Sie virtuell gemeinsam Ideen entwickeln oder ein Projekt wie auf dem Papier planen. *Mind-Mapping-Systeme* bieten Ihnen die Möglichkeit, gemeinsam Ihr Wissen über Themenfelder oder Begriffe grafisch darzustellen. Solche Programme bieten sich im Übrigen auch sehr gut an, um Wissenslandkarten elektronisch zu erstellen und zu verwalten (vgl. dazu *Wissenslandkarte*, Teil IV, Kapitel 1.1).

Software

Um Ihre Gedanken zu visualisieren, können Sie kostenfreie Mind-Mapping-Programme wie **Mindmeister** verwenden oder auch Systeme wie **XMind oder Freemind**, die sich gleichzeitig zum Brainstorming eignen.

mindmeister.com
xmind.net
freemind.sourceforge.net

In Seminaren und Vorlesungen werden Sie unterschiedliche *Lernmanagementsysteme*, wie beispielsweise *Moodle* oder *Ilias,* kennen lernen. Es handelt sich dabei um virtuelle Räume, in denen Ihre Dozenten die Seminarlektüre für Sie ablegen, die Sie aber auch zum Teilen eigener Dateien oder Präsentationen verwenden können. Wenn Sie im Rahmen eines Seminars die Chance haben eine solche Lernplattform zu nutzen, ergreifen Sie die Möglichkeit, dort Dateien oder eigenen Arbeiten auszutauschen, sich ein gegenseitiges Feedback geben und Inhalte aus dem Seminar auch außerhalb der Präsenzzeiten zu diskutieren.

2.3 Verwaltung

Ordnen und strukturieren Sie alle elektronischen Dokumente auf Ihrem Computer rechtzeitig, um den Überblick darüber zu behalten. Unterschiedliche Programme unterstützen Sie dabei.

Im Studium kommen Sie beispielsweise mit einer Fülle an Literatur in Kontakt, die Sie mit Hilfe von *Literaturverwaltungsprogrammen* verwalten können. Solche Verwaltungssysteme werden häufig von der Universität für Studierende kostenlos zur Verfügung gestellt. Mit Hilfe dieser Systeme können Sie Ihre Literatur mit Schlagworten versehen, Kategorien bilden und zu den einzelnen Quellen Exzerpte hinterlegen. So vergessen Sie nicht, welche Texte Sie bisher gelesen haben, und können zu einem späteren Zeitpunkt wieder auf diese zugreifen, wenn Sie beispielsweise gezielt nach geeigneten Textstellen für eine Hausarbeit suchen.

Ein weiterer Vorteil solcher Programme ist es, dass Sie durch die Speicherung der Quellenangaben auf Knopfdruck eine Literaturliste erstellen können und auch Zitate und automatisch generierte Literaturverweise einfach in einen Text einfügen können.

Wenn Sie Ihre Literatursammlung gut pflegen, ersparen Sie sich bei Abschluss einer wissenschaftlichen Arbeit die Mühe, alle Quellenangaben nochmals auf ihre Vollständigkeit und Richtigkeit überprüfen zu müssen, und Sie können bei Bedarf mit einem Klick Ihre Zitationsweise ändern.

Alternativ bietet auch Ihr Textverarbeitungsprogramm einfache interne Zitiersysteme an, die Sie nutzen können.

Software

Ein bekanntes Beispiel für ein kostenpflichtiges Literaturverwaltungsprogramm ist **Citavi**, welches einige Universitäten ihren Studierenden jedoch kostenfrei zur Verfügung stellen.

citavi.com

Als kostenfreie Alternative bietet sich das Verwaltungsprogramm **Zotero** an, welches Webseiten oder andere Informationen aus dem Netz in einer lokalen Datenbank speichert.

zotero.org

Um Fundstücke, Links, Texte oder Bilder aus dem Internet abzulegen, sollten Sie sich auch ein *virtuelles Notizheft* zulegen. Es handelt sich dabei um eine Art virtuellen Ordner, in den Sie alle Dateien oder Bilder, die Sie im Internet finden oder anderweitig digitalisiert haben, zusammentragen können. Mit verschiedenen kostenfreien, und leicht zu bedienenden Programmen, wie beispielsweise *Evernote,* können Sie Ihre Sammlung mit Schlagworten versehen oder Kategorien bilden.

Software

Ein kostenfreies Programm wie **Evernote** ermöglicht Ihnen das einfache Ablegen verschiedenster Informationen und Fundstücke und das Ordnen der Materialien durch Schlagworte.

evernote.com

Auch die bereits zuvor beschriebenen **Wikis** können genutzt werden, um Inhalte sortiert abzulegen und so Wissen zu sichern und systematisch auszubauen.

Neben bereits digitalisierten Inhalten gibt es möglicherweise auch das ein oder andere Fundstück auf Papier, das Sie ablegen möchten. Mit ScanApps, wie etwa *CamScanner*, lassen sich Blätter oder Bücher mit dem Handy oder Tablet einscannen. Viele Anwendungen haben zusätzliche Funktionen, wie intelligente Kantenerkennung und Bildbeschneidung. Darüber hinaus gibt es kostenpflichtige Anwendungen, welche eine Texterkennung anbieten. Diese kann das Durchsuchen später stark erleichtern. Aus Datenschutzgründen ist es besonders gut, wenn die Texterkennung offline funktioniert, da die Inhalte sonst zunächst auf einen Server geladen werden.

Software

Ein kostenfreies Programm wie **CamScanner** ermöglicht Ihnen das direkte Abscannen von Textseiten auf Papier und das einfache Anlegen einer digitalen Textsammlung.

Camscanner.com

Literaturhinweise

Alderfer, Clayton (1972): Existence, Relatedness, and Growth. Human Needs in Organizational Settings. New York: Free Press.

Bernhard, Willi/Bettoni, Marco (2007): Wissensnetzwerke. Offene Zusammenarbeit im virtuellen Raum. In: Bergamin, P./Pfander, G. (Hrsg.): Medien im Bildungswesen. Medienkompetenz und Organisationsentwicklung. Bern: Hep, S. 95–117.

Buzan, Tony/Buzan, Barry (2005): Das Mind-Map-Buch. Die beste Methode zur Steigerung ihres geistigen Potenzials. 7. aktual. Auflage. Heidelberg: mvg.

Buzan, Tony/Weithaler, Gudrun/Haack, Christiana (2007): Speed Reading: Schneller lesen – Mehr verstehen – Besser behalten. München: Goldmann.

Covey, Stephen R. (2005): Die 7 Wege zur Effektivität: Prinzipien für persönlichen und beruflichen Erfolg. Erw. u. überarb. Neuausgabe. Offenbach: Gabal.

Clement, Ute/Kräft, Klaus (2002): Lernen organisieren: Medien, Module, Konzepte. Berlin/Heidelberg: Springer.

Dahmer, Hella/Dahmer, Jürgen (1998): Effektives Lernen. Didaktische Anleitung zum Selbststudium, Gruppenarbeit und Examensvorbereitung. Stuttgart/New York: Schattauer.

Eschenröder, Christof T. (2002): Selbstsicher in die Prüfung. Wie man Prüfungsangst überwindet und sich effektiv auf Prüfungen vorbereitet. CIP-Medien.

Grotehusmann, Sabine (2008): Der Prüfungserfolg: Die optimale Prüfungsvorbereitung für jeden Lerntyp. Offenbach: Gabal.

Klein, Gereon (2001): Wissensmanagement und das Management von Nichtwissen. Entscheiden und Handeln mit unscharfem Wissen. Abrufbar unter: gereonklein.de

Koch, Richard (1998): Das 80/20-Prinzip. Mehr Erfolg mit weniger Aufwand. Frankfurt a. M./New York: Campus.

Kolb, David (1984): Experiential Learning: Experience as the Source of Learning and Development. Englewood Cliffs, N. J.: Prentice-Hall.

Kruse, Otto (2010): Lesen und Schreiben. Der richtige Umgang mit Texten im Studium. Reihe: Studieren, aber richtig. Konstanz: UTB/UVK.

Lehner, Franz (2012): Wissensmanagement. Grundlagen, Methoden und technische Unterstützung. 4. aktual. und erw. Auflage. München: Hanser.

Mandl, Heinz/Friedrich, Helmut F. F. (Hrsg.) (2006): Handbuch Lernstrategien. Göttingen: Hogrefe.

Mandl, Heinz/Reinmann-Rothmeier (2000): Wissensmanagement. München/Wien: Oldenbourg.

Maslow, Abraham (1943): A Theory of Human Motivation. In: Psychological Review, H. 50, S. 370–396.

Metzig, Werner/Schuster, Martin (2010): Lernen zu lernen. Lernstrategien – sofort anwendbar. Die richtige Methode für jeden Lernstoff. Tipps zur Prüfungsvorbereitung. Heidelberg: Springer.

Moser, Heinz/Holzwarth, Peter (2011): Mit Medien arbeiten. Lernen – Präsentieren – Präsentieren. Reihe: Studieren, aber richtig. Konstanz: UTB/UVK.

Murphy, Joseph (2005): Die Macht des Unterbewusstseins. Kreuzlingen/München: Ariston.

North, Klaus (1998): Wissensorientierte Unternehmensführung: Wertschöpfung durch Wissen. Wiesbaden: Gabler.

Probst, Gilbert/Raub, Stefen/Romhardt, Kai (2010): Wissen managen. Wie Unternehmen Ihre wertvollste Ressource optimal nutzen. Wiesbaden: Gabler.

Reinmann, Gabi (2009): Studientext Wissensmanagement. Universität Augsburg. Verfügbar unter: gabi-reinmann.de/wp-content/uploads/2009/07/WM_Studientext09.pdf

Reinmann, Gabi/Eppler, Martin J. (2008): Wissenswege. Methoden für das persönliche Wissensmanagement. Bern u. a.: Huber.

Reinmann Gabi/Mandl Heinz (2004): Psychologie des Wissensmanagements. Perspektiven, Theorien und Methoden. Göttigen u. a.: Hogrefe.

Reinmann-Rothmeier, Gabi/Erlach, Christine/Neubauer, Andrea (2000): Erfahrungsgeschichten durch Story-Telling – eine multifunktionale Wissensmanagement-Methode. Forschungsberichte der LMU 127. München: LMU.

Rost, Friedrich (2010): Lern- und Arbeitstechniken für das Studium. Wiesbaden: VS.

Rückert, Hans-Werner (2011): Schluss mit dem ewigen Aufschieben. Wie Sie umsetzen, was Sie sich vornehmen. 7. überarb. Auflage. Frankfurt a. M./New York: Campus.

Schuster, Martin (2001): Für Prüfungen lernen. Strategien zur optimalen Prüfungsvorbereitung. Göttingen u. a.: Hogrefe.

Seiwert, Lothar (2006): Noch mehr Zeit für das Wesentliche. Zeitmanagement neu entdecken. Kreuzlingen/München: Hugendubel.

Seiwert, Lothar (2001): Mehr Zeit für das Wesentliche. Besseres Zeitmanagement mit der SEIWERT- Methode. München: mvg.

Stickel-Wolf, Christine/Wolf, Joachim (2006): Wissenschaftliches Arbeiten und Lerntechniken. Erfolgreich studieren – gewusst wie! Wiesbaden: Gabler.

Stollreiter, Marc (2003): Aufschieberitis dauerhaft kurieren. Wie Sie sich selbst führen und Zeit gewinnen. Heidelberg: mvg.

Vohle, Frank/Reinmann-Rothmeier, Gabi (2002): Analogietraining zur Förderung von Kommunikation und Innovation im Rahmen des Wissensmanagements – ein Kooperationsprojekt zwischen den Universitäten München & Köln der Siemens AG. Forschungsberichte der LMU 128. München: LMU.

Wiater, Werner (2007): Wissensmanagement. Eine Einführung für Pädagogen. Wiesbaden: VS.

Sachregister